Port Solent 4/11/13

» I LIBRI DEL MARE «

VOLUME 2

(twelve years later!)

To Mike and Irina
To the people who
helped me to built
my new life
To suggested me to
built a catamaran
and realise a Dream
To our friendship
Good Wind

Andrea [signature]

DUE RUOTE SULL'OCEANO

di
ANDREA STELLA

Prefazione di
GIOVANNI SOLDINI

8 TAVOLE FUORI TESTO

LONGANESI

www.longanesi.it

ISBN 88-304-2281-9

Tutte le fotografie appartengono all'archivio dell'autore

PREFAZIONE

Ho avuto la fortuna di conoscere Andrea qualche anno fa. Ero a Genova col mio trimarano *Tim Progetto Italia* in occasione della regata MilleVele. Le nostre barche erano ormeggiate vicine, sembravano parlarsi con le rispettive prue. In qualche modo accomunati dal fatto di navigare su un multiscafo, ci siamo sintonizzati subito sulla stessa lunghezza d'onda.

Andrea mi ha invitato a bordo e col suo entusiasmo mi ha spiegato e raccontato il bellissimo progetto che stava per realizzare: compiere un giro d'Italia col suo catamarano dando la possibilità a molti disabili di fare un'esperienza nuova e di imparare ad andare in barca. Ma il vero obiettivo era prepararsi per la traversata dell'Atlantico che avrebbe visto un equipaggio misto di abili e disabili partire da Genova e arrivare a Miami.

Quel pomeriggio ero rimasto colpito dal modo in cui Andrea parlava della sua barca. Ne sembrava innamorato. Si capiva al volo che il lavoro svolto per realizzare quel catamarano era stato enorme.

Si tratta di una barca completamente accessibile, studiata in ogni suo particolare per essere fruibile anche da persone disabili. Soluzioni tecniche all'avanguardia e una ricerca approfondita su tutti i piani del pozzetto per entrare e uscire senza problemi, sugli spazi interni, sui mobili e sugli ascensori per scendere nelle cabine. Un'operazione lunga e impegnativa che aveva dato ottimi risultati. Secondo me si sarebbe potuta fare solo un po' più spartana ma, si sa, da questo punto di vista io non faccio testo.

In realtà conoscendo meglio Andrea e soprattutto leggendo di un fiato questo bellissimo libro ho capito che ciò che ci accomunava non era solo il multiscafo ma ben altro.

Andrea è un ragazzo entusiasta, curioso e pieno di energia che è riuscito con grande determinazione a realizzare un sogno. Un sogno che è pieno di contenuti e valori molto importanti, per lui e per tutti noi. La fatica, il dolore, la lotta per superare le difficoltà, la tenacia che Andrea ha saputo mettere in campo sono un grande esempio. Per realizzare un progetto così complesso bisogna concentrare lì tutte le proprie energie. Spesso si diventa troppo determinati anche a costo di trascurare altre cose molto importanti nella vita. È una situazione che conosco molto bene per averla vissuta molte volte sulla mia pelle. Non si tratta solo di fatica fisica e mentale ma di una completa dedizione all'obiettivo, cosa di cui non tutti sono capaci.

Ma leggendo il libro ci si rende conto anche del percorso e del lavoro su se stesso che Andrea ha saputo fare in questi anni, un percorso di crescita straordinario che lo ha visto cambiare radicalmente.

La storia del suo incidente è a dir poco allucinante, l'idea che durante un viaggio premio di laurea a Miami sia possibile incappare in un criminale che ti spara a bruciapelo senza neanche lasciarti il tempo di capire nulla è pazzesca. Da quel momento la sua vita è completamente cambiata, ma quello che colpisce è la reazione interiore di un ragazzo che invece di lasciarsi sconfiggere da questa tragedia ha saputo tirare fuori l'energia e la forza per rinascere e scoprire se stesso e il mondo che gli sta intorno. Da ragazzo di buona famiglia con una strada da percorrere già scritta e determinata, ha saputo mettersi in discussione e trovare nuove passioni e soprattutto nuovi valori, sicuramente più profondi e più veri.

In queste pagine Andrea ci racconta la sua battaglia. Dapprima è una guerra di sopravvivenza, che porta alla scoperta di poter continuare a vivere una vita intensa. Ma lentamente diventa una lotta per cambiare questo mondo assurdo dove sono le barriere architettoniche le vere colpevoli del sentirsi disabili. Dove è più facile attraversare un oceano in barca che prendere una metropolitana a Milano.

Soprattutto in un paese come l'Italia, la sensibilità verso queste problematiche è molto bassa. Troppo spesso manca completamente l'attenzione da parte della gente, troppo spesso si pensa che gli interventi necessari per abbattere le barriere architettoniche siano mastodontici. Andrea, tra le altre cose, ci insegna che spesso basterebbe mettere delle porte che si aprono dalla parte giusta (all'esterno e non all'interno) per rendere i bagni accessibili ai disabili.

Questo libro non è la storia di una tragedia finita male, ma quella di una persona che non solo ritrova la voglia di vivere ma soprattutto la forza di combattere una battaglia per sé e per gli altri, che è una battaglia di civiltà.

Giovanni Soldini

DUE RUOTE SULL'OCEANO

A mia nonna Maria che non conosce questa storia

PROLOGO

29 agosto 2000

Da due giorni frequento una scuola di inglese a Fort Lauderdale. Ho appena conosciuto due ragazzi italiani, Andrea e Luca. Decidiamo di andare fuori la sera a bere una birra. Ho noleggiato un'auto, li passerò a prendere.

Fort Lauderdale è ancora tutta da scoprire, mi faccio un giro lungo i canali del porto. Vedo rimorchiatori e navi da crociera con il loro carico di turisti in partenza per i Caraibi, raggiungo il lungomare, passeggio curiosando tra negozi e ristoranti. Miami è un'altra cosa.

Torno a casa stanco, mi rilasso un po'. Mi accorgo di essere in ritardo e non ho modo di avvisare i miei nuovi amici. Parto con l'auto verso Isle of Venice per prendere Andrea, simpatico napoletano. Mi muovo veloce per la città. L'auto è scattante, supero dei semafori col giallo. Mi lascio dietro Las Olas, la via dei bar e dei ristoranti.

Arrivo in zona, un insieme di strade private, disposte a pettine sull'acqua, come tanti pontili. Una successione di barche ormeggiate, piccoli giardini, case, auto parcheggiate, strade, acqua e ancora barche. Ogni dente di pettine è un'isle, ciascuna con un ponticello di accesso. Dichiarata *safe zone*, è tra le più sicure della città.

Ecco finalmente Isle of Venice, supero il ponticello d'accesso, sulla destra è ferma un'auto vuota con il lampeggiante della polizia privata addetta al servizio di sicurezza. È buio e sono in ritardo, ma procedo lentamente, pensando che potrei anch'io trovare una sistemazione migliore da queste parti. Poche centinaia di metri e la strada finisce nel mare. Un rondò con un albero al centro consente una comoda inversione di marcia, subito dopo, sulla destra, la casa dove abita Andrea.

Parcheggio, lascio l'auto con la capote aperta, scendo, supero un piccolo portico che va verso il giardino retrostante. Pochi metri. Controllo il numero, suono, aspetto un po' ma nessuno viene ad aprire. Sento dei rumori dalla strada. Andrea potrebbe essere andato in un altro appartamento abitato da studenti del college, cento metri più avanti sulla stessa via, e ora sta tornando con Luca.

Ritorno indietro. Tre o quattro persone con una maschera nera sul viso stanno armeggiando attorno all'automobile. Sono lì a tre metri da me. Uno mi guarda, forse mi dice qualcosa, forse no.

Mi blocco, cerco le parole giuste da dire, ma questo spara in rapida successione.

Una, due, tre volte.

1

GLI ULTIMI QUARANTA GIORNI

Il 19 luglio del 2000 discussi la tesi di laurea. Ero iscritto a legge. Avevo sempre vissuto l'università come un gioco, un momento di passaggio che mi avrebbe fatto entrare nel mondo dei grandi. Senza impegnarmi molto, ero riuscito a divertirmi parecchio alternando periodi di studio « matto e disperatissimo » in prossimità degli esami ad altri di rilassamento assoluto con alcuni amici: Bist, Brusa, Giulio, Fede, Cima, Cimbro, Perdoncin.

Il secondo anno di università affittammo un appartamento nuovo, in pieno centro. Stavamo in sette in settantasei metri quadri! Due camere piccole, un bagno e una sala grande, perfetta per le feste. Trento è una città piuttosto noiosa, ma avevamo trovato il modo di spassarcela. Partecipavamo attivamente all'unica associazione in cui ci riconoscevamo, la Compagnia del Goto, un gruppo goliardico che organizzava cene e feste. Il goto è il tipico bicchiere da vino della tradizione veneta. Esisteva un cerimoniale, con tanto di Presidente e Consiglio. Il Presidente aveva lo scettro e il mantello color porpora. Eravamo un bel gruppo, non c'è che dire. Ma sapevamo anche studiare.

Brusa e Bist si chiamavano in realtà tutti e due Enrico. Li avevo conosciuti entrambi a Thiene, in quarta liceo, dopo che decisi di cambiare sezione. Brusa era anche mio vicino di casa. Occhi azzurri, furbissimi, da bambino era il tormento delle maestre. Poi al liceo cominciò a nascondere il suo animo inquieto e a diventare più serio, fino a essere oggi un ottimo avvocato. All'università il nostro trio si rinsaldò ancora di più. Io e Brusa eravamo una coppia eccezionale. Facevamo tutti gli esami insieme. Avevamo messo a punto un ottimo metodo di studio e non sbagliavamo un esame.

Bist invece era il re delle feste, non primeggiava nello studio ma in quanto a cibo, bevande e donne era sicuramente il più preparato.

Erano e sono ancora miei grandi amici. Non solo feste e divertimento, c'erano anche momenti più seri. Mettevamo a confronto le nostre idee, frammenti di filosofia s'intrecciavano con esperienze di vita, il vissuto con le emozioni, alla ricerca di un senso ultimo dell'esistenza. Amavamo parlare dei nostri problemi e cercare di risolverli. Tra di noi c'era un affetto, forse immaturo, ma sicuramente vero.

L'amicizia è qualcosa di profondo. Lo è sempre stata, fin dal liceo. Non potrò dimenticare come cominciò quella con Giulio. Ero in terza liceo scientifico, lui ripeteva. Ci ritrovammo nella stessa classe. Un sabato sera decidemmo di uscire insieme. Io andai prima a mangiare una pizza con la compagnia di allora, solita routine. Dopo cena lui e suo fratello Luca, che era maggiorenne, mi « rapirono » con la loro machina, un vero lusso per me che avevo solo sedici anni. Mi divertii un mondo. Come se da sempre avessimo condiviso le nostre esperienze, i nostri pensieri più nascosti. Dopo quella sera trascorremmo molti pomeriggi insieme, studiando e progettando improbabili modi per guadagnare qualcosa. Siamo stati anche rappresentanti di istituto, abbiamo notato la superficialità dei ragazzi, il menefreghismo della nostra generazione: gli scioperi fatti per noia, per non studiare, per un pretesto qualsiasi. Non eravamo studenti impegnati ma discutevamo appassionatamente di questioni sociali, politiche, filosofiche. Credo che quei momenti con gli amici abbiano formato il mio carattere molto più di altri, mi abbiano spinto alla ricerca di un'onestà intellettuale, che per me significa essere sinceri con se stessi. Vale a dire non raccontarsi tante balle.

All'università io e Brusa abbiamo cominciato a viaggiare insieme. Partivamo con pochi soldi in tasca e dormivamo negli ostelli, spinti da una gran voglia di vedere il mondo, conoscerlo. Pamplona per la festa di san Firmino, Londra, Amsterdam, Roma, Arezzo Wave, l'Oktoberfest, il Marocco. Appena possibile ce ne andavamo anche solo per un weekend. Un esame superato era un'ottima scusa. Non è facile essere buoni compagni di viaggio, avere gli stessi ritmi, le stesse aspirazioni. Noi lo eravamo.

E io e Brusa partimmo per l'Erasmus in Spagna, a Salamanca, dove avevamo vinto una borsa di studio di sei mesi. Fantastico: l'Erasmus è il parco giochi degli studenti. Eravamo in 60.000 universitari su 200.000 abitanti, in una delle facoltà più vecchie d'Europa. In quel periodo studiai poco ma mi divertii molto. Continuai a sentire il bisogno di vedere, di spostarmi. Andai a Barcellona, Madrid, Granada, Siviglia, Valencia per la festa di *Las Fallas*, Cadice per il carnevale, Porto, Lisbona, e poi in Marocco. Ho fatto più di quindicimila chilometri in auto. L'Erasmus è fantastico perché trovi sempre qualche posto dove dormire, e molte volte qualcuno sta dormendo a casa tua. Senso del possesso: zero.

Quattro anni di università, nessun esame sbagliato, Erasmus in Spagna appena finito. Finalmente arrivò il gran giorno, quello della laurea. Tappa provvisoria da superare con slancio per avviarmi veloce verso una nuova vita. Da lì in avanti tutto sarebbe cambiato, sarei stato massacrato dal lavoro, ma ero felice. Mi meritavo una grande festa, un'ubriacatura esagerata insieme a tanti amici.

Giorno della discussione: sbarbato, camicia bianca, cravatta di Marinella azzurra, grisaglia chiara, presagio di una felice carriera. Speravo solo di salvare i vestiti, temevo gli amati festeggiamenti. Era tradizione che gli amici partecipassero a queste feste con uno spirito decisamente goliardico. Non potevo certo dire: «Attenti a non strapparmi la giacca», già sentivo le loro risate. Quando mi ero trovato dall'altra parte mi ero sempre divertito, insensibile a qualsiasi supplica. Ma del gruppetto storico, ero il primo a laurearsi. Avevo ventiquattro anni.

Un paio d'ore d'attesa ingannate tra il bar e l'atrio dell'università. Ecco, è il mio turno. Stanza piccola, commissione schierata, il relatore mi saluta. Strano, non lo avevo mai visto con la toga, ero molto più abituato a incontrarlo al bar o in discoteca. Mi giro e vedo un bel pubblico di amici, saranno più di cinquanta.

La proprietà intellettuale dell'informazione: una tesi breve, cinquanta pagine compreso il glossario. Discussione veloce e poi via, saluti alla commissione e foto con il fotografo ufficiale. Cominciano spintoni, calci e botte, con la solita euforia di cui io e i miei amici andavamo tanto fieri. Fuori da giurisprudenza vengo appeso in mutande a una croce di legno, costruita per l'occasione, e trasportato fino al bar Duomo dove era stato installato un banchetto esterno con birra alla spina, prosecco e sangria a volontà. Il «papiro» è abbastanza audace, troppo per la mamma che da lontano cerca di non ascoltare, divertente per il papà che si vanta di qualche mia bravata, simpatico per tutti gli altri. Sporco di farina e uova chiedo aiuto ai pompieri che, idrante in mano, si mettono a farmi una bella doccia. Poi l'alcol supera l'euforia e vengo portato a casa, sorretto da molti.

Dieci giorni dopo, sabato 28 luglio, io e Giulio, che nel frattempo si era laureato anche lui, organizziamo una magnifica festa in una villa veneta. Gli invitati sono circa seicento.

Credo che quella sia ricordata ancora oggi a Thiene e dintorni come una delle feste più riuscite: abiti informali («Vèstiti di allegria», era scritto nell'invito), una grande porchetta, musica, tanto da bere e tante belle ragazze. Più donne che uomini, scelta non casuale visto che fino a tre giorni prima ci siamo preoccupati di invitare solo ragazze, raccomandando a queste di portare altre amiche, naturalmente carine. Solo il giovedì e venerdì invitiamo anche gli uomini. Ecco il segreto di una super festa, che rende un po' di giustizia a quella leggenda incomprensibile secondo la quale al mondo ogni uomo ha a disposizione sette donne!

E poi c'è Lara. Ha le treccine e per me è sicuramente la più bella di tutte. L'unica.

Lara è stato il mio primo amore. Ci siamo conosciuti sui banchi di scuola, in prima liceo scientifico. L'ultimo giorno di scuola ci siamo baciati. Poi l'invidia di qualche compagno di classe ha messo fine a un rapporto ancora da cominciare. Le dissero che l'avevo baciata per scommessa. Era falso. Ne soffrii molto. L'anno dopo ci ritrovammo ancora in classe insieme, ma lei era cresciuta, sembrava già una donna, non mi pareva più la stessa. Probabilmente lei pensava lo stesso di me. Era cambiato tutto. Eravamo due estranei. Lei venne rimandata e non superò gli esami di riparazione. Ci perdemmo completamente di vista anche se continuavamo a frequentare lo stesso liceo.

Nel dicembre 1998, Zeno, un mio amico ed ex compagno di classe, mi disse che aveva organizzato una cena con altri ragazzi della mitica prima liceo sezione A. C'era anche Lara. Fu un'illuminazione. Ci isolammo completamente dal gruppo, io e lei da soli. Un bacio.

Ci risentimmo qualche giorno dopo, io avevo interrotto la mia relazione durata quattro anni, lei mi disse che aveva interrotto la sua di sei.

Mi invitò a Ferrara, era lì per lavoro. Venne a prendermi fuori dall'autostrada. Era dicembre, portava un cappotto nero, era bellissima. Trascorremmo la serata vagando fra osterie e baretti. I suoi occhi verdi brillavano, trasmettendomi gioia.

Il mattino dopo si alzò presto perché doveva andare al lavoro e mi lasciò in quella grande camera d'albergo: «Dormi pure, non ti preoccupare». Mi sentivo un imperatore.

Il 21 gennaio per il mio compleanno mi regalò un accappatoio bianco da tenere nel suo appartamento. Viveva da sola. Tutte le notti mi infilavo nel suo letto alle ore più impensate, importunavo i suoi sogni e le sue poche ore di riposo, alla mattina lei mi salutava e io come un pascià mi rigiravo dall'altra parte e continuavo a dormire. Mi sentivo libero, ero felice. Da una parte desideravo conoscerla, stare con lei, ma dall'altra non volevo impegnarmi di nuovo con una ragazza, preferivo godermi la mia ritrovata libertà. Fu impossibile. Feci di tutto per tenere duro i primi mesi, ma con lei stavo troppo bene, inutile negarlo. E così la mia finta vita da single finì prima di cominciare. Quando a settembre partii per l'Erasmus, a Salamanca, ogni sera dopo la discoteca il mio pensiero era per lei e la chiamavo. Che donna! Era indipendente, faceva due lavori per mantenersi, di giorno in uno studio dentistico, di sera in un bar, e si faceva svegliare in piena notte dal suo folle innamorato. Mi sentivo libero ma legato, splendido privilegio.

La nostra vita scorreva però su due binari differenti, lei alle prese con un quotidiano difficile, io in preda alle mie euforie da studente dal futuro rampante. Aveva mille attenzioni per me, mentre io non mi accorgevo della sua stanchezza e le parlavo di me, del lavoro che avrei fatto, degli impegni che avrei avuto, di quanto saremmo stati distanti. Lei non mi faceva mai pesare nulla, neppure quell'egoismo, quel mio continuo pensare a me stesso e a una futura carriera difficile ma (ne ero certo) ricca di soddisfazioni e successi.

Mio padre ha un'azienda di arredamento ereditata dal nonno. Prima di laurearmi gli avevo chiesto se preferiva che facessi pratica in uno studio legale o cominciassi a lavorare nell'azienda di famiglia. « Fai quello che vuoi », mi aveva risposto con il suo fare distratto, con il suo modo simpatico ma sempre assorto.

Mio padre è un ingegnere, un vulcano di idee ed entusiasmo. Ha sempre lavorato di invenzione, progettando nuovi mobili per l'azienda di famiglia. Una grandissima fantasia accompagnata da un'enorme distrazione che lo aveva reso famoso per storie a lui accadute. Le raccontava con entusiasmo anche perché in fondo gli erano andate tutte dritte. Si riteneva fortunato. Era nato venerdì 17 novembre 1944, sotto le bombe. Anche di questo andava fiero. Un padre particolare, distratto verso il quotidiano dei suoi figli ma capace di trasmettere l'emozione di un paesaggio e la ricerca di valori autentici. I miei rapporti con lui sono stati spesso distanti ma carichi di insegnamento e di felicità. È un uomo il cui pensiero va a trecento all'ora, passa da un argomento all'altro con connessioni difficili da seguire, però sa fermarsi di fronte a un tramonto per ammirarne la bellezza.

Cosa devono essere stati per lui quel 29 agosto 2000 e quei cinquanta giorni di agonia un po' lo so e un po' me lo immagino. Lo so perché Peppe, un simpaticissimo ragazzo siciliano che faceva il tour operator a Miami, si era preso cura dei miei genitori e di Lara per tutto quel periodo. Risolveva ogni loro problema e ne raccoglieva anche sfoghi e confidenze. Quando mi ristabilii, Peppe mi raccontò i dubbi di mio padre, che sfociavano nelle sua esclamazioni più ricorrenti: « Quante cose non gli ho mai detto ». Oppure: « Quante volte avrei voluto parlargli, ma lui sembrava sempre preso da altre cose ».

Quando rientravo a casa la sera a mezzanotte, o giù di lì, lui era seduto al tavolo del soggiorno, con mille giornali, la tv, il calcio, e io cercavo di catturarne l'attenzione con qualche domanda. Non era facile, ma a lui probabilmente accadeva lo stesso con me. Sfuggiva il quotidiano, ma nelle decisioni e nei momenti importanti mio padre c'è sempre stato. Ma lui evidentemente non ne era sicuro. Spero che lo sia oggi, di tutto quello che ha fatto dopo l'incidente. All'inizio era spaesato di fronte al suo nuovo ruolo di padre con un figlio che non può camminare. Poi, grazie alla sua indole ottimista, ha reagito in modo straordinario.

Si è dedicato a me in maniera totale, a volte addirittura oppressiva. Ha cominciato a pensare alla mia nuova vita, a come avrei comunque potuto vivere. A tutte quelle cose che mi avrebbero aiutato a recuperare e a impostare una nuova esistenza. Quando ero ancora in America, più morto che vivo, aveva già avviato i lavori di ristrutturazione di casa nostra e visitava palestre e centri riabilitativi. Si informava di quali potessero essere i migliori ausili per la riabilitazione. È stato lui a mostrarmi i tutori per camminare. Cinque schizzi in tutto: io con i tutori in cucina, davanti alla finestra, mentre faccio l'amore in piedi. Anche la barca è nata in seguito dalla sua energia.

Mio padre sa vivere il presente. È la cosa più importante che mi ha insegnato.

Il mio incontro a Padova con il direttore di un importante studio di diritto internazionale fu memorabile. Entrambi sbarbati, camicia azzurra, grisaglia scura, cravatta berlusconiana, sembravamo fratelli. Eravamo seduti nell'enorme sala riunioni dello studio, decorata con affreschi e bassorilievi, proprio di fronte al teatro Verdi.

Un'ora di colloquio durante la quale si parlò più di golf che di diritto. Alla fine ero assunto. Ricordo uno studio mozzafiato, una mansarda enorme con una biblioteca antica con preziosi scrittoi per ogni avvocato e per ogni praticante. « Quando vuoi cominciare? »

« Prima mi piacerebbe fare un viaggio, è la mia grande passione. È il regalo dei miei genitori per la laurea », risposi.

« Ti consiglio Miami, è una città meravigliosa, se non ci sei mai stato ne vale la pena. E poi potrai ripassare l'inglese e lo spagnolo. Vai e divertiti, ti ripresenti qui intorno al 20 settembre. »

Non gli confessai qual era il viaggio di laurea a cui avevo pensato. Avevo appena finito di leggere Charles Duchaussois e il suo *Flash. Katmandu il grande viaggio* e quindi ero impazzito per l'oriente. Sarei stato via al massimo un mese. Sembra impossibile, ma non vedevo l'ora di cominciare a lavorare.

Miami non mi aveva mai attirato ma poteva essere una meta intelligente, tanto valeva far contento « il capo ». E poi la Giamaica era lì, vicinissima...

Gasato com'ero, corsi a Thiene con la mia Golf nera, recuperai Filippo e Bist, andai con loro al bar Carducci e raccontai entusiasta del colloquio appena avuto. Brindammo. Scaricai lo stesso entusiasmo su Lara, sottovalutando il distacco che simili ambizioni e prospettive avrebbero potuto creare tra noi due. Lara stava male, lo nascondeva timidamente, preferendo come sempre soffrire da sola piuttosto che ferire le mie aspettative. Io non me ne accorgevo e correvo a trecento all'ora, come mio padre.

Mi precipitai in agenzia per programmare il mio ultimo

grande viaggio. Andai da Marta, un'amica, e prenotai un volo per Miami il 24 agosto, con due notti in hotel, uno per la Giamaica il 6 settembre, e il volo di ritorno per Milano Malpensa il 18 settembre. Uscii con un catalogo di una scuola di inglese di Fort Lauderdale, una tranquilla città residenziale a un'ora di auto da Miami, in cui mi sarei iscritto una volta sul posto.

Io e Lara ce ne andammo qualche giorno in montagna in Alto Adige, a Riva di Tures, in un simpatico albergo familiare che conosceva lei. Facevamo bellissime camminate, una in particolare al rifugio Fedare sopra San Candido. Dato che mi piaceva stare con lei, le proposi una settimana in barca con mio cugino Matteo e altri due amici, prima della partenza per la Florida. Sarebbe stata l'unica donna ma era talmente simpatica che si sarebbe trovata benissimo. Lara non accettò e io partii lo stesso. Ci rimasi male.

Era la prima volta che io e Matteo portavamo il Grand Soleil 34.1 da soli. Entrambi avevamo trascorso molte estati in crociera con le nostre famiglie e con quella barca, acquistata da poco, avevamo cominciato anche a fare qualche regata in equipaggio. Cinque giorni in Croazia con Matteo, Zeno, Bist e Luca: una bella esperienza, un bel gruppo. Ma con me non c'era Lara e io non capivo perché.

Partii per l'America convinto che quello sarebbe stato il mio ultimo viaggio. Sapevo che quando sarei tornato mi sarei dovuto immergere completamente nel lavoro. Treno fino a Milano, Stazione Centrale, e poi in navetta direttamente alla Malpensa. Ultime telefonate in aeroporto a Lara, a Bist e a Diego Finco, un amico a cui chiesi delle dritte per la Giamaica. E poi via, un gin tonic, anzi due in aereo e una gran dormita. Dopo un cambio d'aereo a Chicago, atterrai a Miami. Nell'enorme sala bagagli lo zaino blu arrivò per primo. Me lo sarei portato in Giamaica e avrei lasciato la grande valigia rigida in un deposito dell'aeroporto. Ero proprio organizzato.

Recuperati i bagagli, mi diressi verso gli uffici delle compagnie di auto a noleggio. Cominciai dalla Budget, poi l'Avis, la Maggiore. Tutte mi chiedevano un supplemento di venticinque dollari al giorno perché non avevo ancora compiuto venticinque anni, finché la signorina della Hertz mi diede il biglietto di un'altra compagnia che non applicava quella clausola. Per andarci bisognava uscire dall'aeroporto e prendere uno shuttle. Una compagnia minore, il tipo era simpatico, si poteva trattare anche sul prezzo e con 50 dollari al giorno affittai una bellissima Mustang cabrio nera. Più o meno con la stessa cifra avrei potuto prendere una Fiat Palio. Non ebbi alcun dubbio. In fondo avevo fatto un affare e me lo meritavo, era il mio viaggio di laurea. Che bella scusa per viziarsi.

Si era fatta l'una di notte e con l'auto nuova andai verso Miami Beach dove c'era il mio albergo, il Sun Beach. Macchina della polizia, neon, sirene rosse e blu. Scese il poliziotto, io lo imitai e feci per avvicinarmi ma lui mi fece risalire in macchina. Inutile tentare di parlargli. In America i poliziotti sono soli in auto e quando fermano qualcuno spesso chiamano rinforzi anche perché le persone hanno l'insana abitudine di viaggiare armate. Mi diede una multa dicendomi che era stato buono perché mi aveva conteggiato solo un'infrazione su tre. Non mi ricordo cosa avevo combinato ma sicuramente una manovra molto tranquilla che in Italia sarebbe passata inosservata. Entrato in albergo scoprii che la mia stanza era stata già assegnata. L'hotel era pieno. Il tipo si scusò, fece una telefonata, mi ridiede il voucher di prenotazione e mi disse che a duecento metri c'era un altro albergo. Va be', chi se ne frega, sono a Miami. Chi se ne frega anche della camera che mi beccai: una matrimoniale impregnata di fumo stantio. La ventola girava sbilenca piantata in mezzo al soffitto. Mi addormentai subito.

L'indomani scorrazzai per la città con il vento sul viso. Non pensavo che Miami fosse così bella. Grattacieli di vetro che si riflettono sulla baia di Biscayne, alberghi viola a forma di chitarra, ristoranti italiani, l'Hotel Pelican, di proprietà di Renzo Rosso, il patron della Diesel, e Michele Merlo. Percorsi Miami Beach in lungo e in largo. Mi fermai a Coconut Grove, Coral Gables, Key Biscayne, Lincoln Road, Ocean Drive.

La sera andai in un sushi bar *self service*. Un lungo bancone in cui ti siedi e vedi scorrerti davanti i vari piatti. Fantascienza. Presi una birra. Ero stanco ma felice. Mi sembrava brutto andare subito a dormire e così chiusi la serata con un gin tonic in un pub con biliardo. Che bella vacanza. L'ultima prima di cominciare a lavorare.

Per avere un'idea della città mi bastarono due giorni. Viaggiare era per me sinonimo di irrequietudine. Ero spinto dalla curiosità di vedere sempre posti nuovi. Di collezionare paesi, città. Abbandonai Miami e mi diressi a ovest, verso il golfo del Messico. Feci sosta in una stazione di servizio e sentii un tipo che al telefono parlava in dialetto veneto.

« Di dove sei? » gli chiesi, finita la telefonata.

« Di Padova ma abito qui da dieci anni. Faccio il cuoco in un ristorante italiano a Saurazota, sul golfo del Messico. »

« Io sono in vacanza da solo e vado giusto in quella direzione. »

« Passa a trovarmi al ristorante. Posso anche ospitarti. Vivo con la mia fidanzata e ho una camera in più. »

« Grazie, penso proprio di accettare. »

Con quell'invito in tasca decisi di fare un giro per l'Everglades, una regione selvaggia del sud della Florida, unica al mondo, formata da paludi e acquitrini, al cui interno si trova anche una riserva indiana. La zona è famosa per alligatori e coccodrilli. Dall'overcraft su cui salii ne vidi molti. La leggenda vuole che lungo la strada sia facile incontrare degli alligatori riversi sull'asfalto a leccare il suolo salato. Dappertutto c'erano cartelli che dicevano: «Attenzione pericolo attraversamento coccodrilli». Un po' come nelle nostre montagne con i caprioli. Dopo il giro in overcraft, un'amara sorpresa. La gomma dell'auto era forata. Mi feci aiutare da un ragazzino della tribù indiana. Non volle neanche la mancia. Ripartii con il ruotino. Percorsi una strada all'interno della riserva indiana finché raggiunsi un villaggio. Lì feci riparare la ruota. Dopo poche ore ero davanti al ristorante italiano dell'amico appena conosciuto. Un bel posto. Cenai al bancone. Un piatto di spaghetti con le vongole, un buon bicchiere di bianco e quattro chiacchiere con un irlandese. A fine turno io e il padovano ce ne andammo un po' in giro per vedere Saurazota by night. Impossibile il confronto con Miami. Alle due di notte andammo a casa sua, una villetta bifamiliare con piscina Iacuzzi all'aperto in comune. Conobbi la sua fidanzata e il loro rottweiler. Il cucciolo si addestrava con un osso che azzannava al volo con la stessa ferocia con cui avrebbe morso un ladro.

Il padovano correva in moto, una grandissima passione. L'indomani aveva una gara e così quella stessa notte gli diedi una mano a montare il motore della sua Suzuki. Un aiuto più spirituale che altro vista la mia incapacità con chiavi e bulloni. Facemmo le cinque del mattino. Dopo pochissime ore di sonno abbandonai i miei gentili amici per andare a Orlando, la città dei parco giochi. Mi sentivo rintronato ma felice sulla mia cabrio con la musica di Moody a tutto volume. Per fortuna non c'era tutta la ressa che mi aspettavo. In due giorni visitai due parchi: Epcot e

Magic Kingdom. Ne rimasi affascinato, mi emozionai e ammirai le sofisticate tecnologie dei giochi.

Dopo due giorni ripartii per Fort Lauderdale. Quella sera conobbi la mia « famiglia americana », che mi aveva trovato la scuola di inglese, presso cui sarei stato una settimana: due pensionati abbastanza scazzati della vita e più interessati a guadagnare due lire che a condividere delle esperienze. Comunque mi andava bene così. Per ironia della sorte, abitavo in Saint Andrews Street 1317, ma ci feci caso solo dopo l'incidente.

L'indomani era lunedì, primo giorno di scuola. Avevo scelto delle lezioni private. Stavo in America poco tempo e volevo ottimizzare l'insegnamento, soprattutto quello teorico-grammaticale. A scuola conobbi subito alcuni ragazzi italiani simpatici. Con due di loro, Andrea e Luca, mi misi d'accordo per uscire la sera stessa. Optammo per Miami; era a solo mezz'ora di macchina da Fort Lauderdale. Andammo a ballare hip hop. Per essere la prima volta non me la cavai tanto male. Le gambe si muovevano veloci al ritmo della musica. Poi un giro per Ocean Drive, una pizza al taglio, offertaci dal proprietario, un ragazzo di origine albanese che conosceva bene l'Italia perché aveva avuto una pizzeria a Ferrara per molti anni.

Il giorno seguente, di nuovo lezione, un giro in macchina per Fort Lauderdale e poi appuntamento con Andrea e Luca per uscire. Ma alle dieci di sera ero ancora a casa, stanco. Ero in ritardo, ma non avevo un numero di telefono per avvertirli. Altrimenti non sarei andato a quell'appuntamento con il destino...

Con Luca e Andrea ci doveva essere anche una ragazza, una loro amica venezuelana, la prima da passare a prendere sul mio percorso verso Isle of Venice. Quando finalmente trovai la sua casa, la « mamma americana » mi disse che era già andata a dormire, perché pensava che io non sarei più passato. Avevo un'ora di ritardo. « Le porga le mie scuse, buona notte. » Ripartii con guida un po' nervosa, raggiunsi le « isole », superai il ponticello. Vidi una macchina della polizia privata con il lampeggiante acceso, ma dentro non c'era nessuno. In lontananza, nello specchietto retrovisore, individuai i fari di un'auto che si avvicinava. Arrivai al rondò, invertii la marcia, parcheggiai vicino alla casa di Andrea. I fari continuavano ad avanzare. Suonai il campanello. Perché Andrea non viene ad aprire? Suonai ancora. Mi sembrò di sentire dei passi sulla strada, ma non riuscivo a vedere. Dovevano essere loro. Decisi di andargli incontro. Tre, quattro persone con la maschera nera sul volto erano di fianco alla mia macchina, dovevano essere dei ladri. Mi fermai, cercai qualcosa da dire. Passarono solo poche frazioni di secondo. Uno di loro mi sparò tre volte, in rapida successione.

Mi sento avvolgere da una nebbia irreale, sono in un fumetto o forse in un film, non è possibile che sia la realtà. Cado per terra, sento delle urla. Loro scappano con un vecchio macchinone americano scassato. Non sento le gambe, sto ancora cercando le parole da dire... Mi viene in mente Lara, forse dico: « Lara ». Non posso morire, cazzo, non può essere vero, svegliatemi! Voglio uscire da questo incubo. Dove sono finite le mie gambe? Ho paura, mi trascino carponi verso l'auto, riesco ad aprire la portiera e mi attacco al clacson. Accorre una signora, mi chiede cosa sia successo. « *I'm dying* », dico. In lontananza delle sirene, c'è sangue dappertutto, arriva l'ambulanza. « *Who shot you?* » « *Three with a mask.* » Sirene spiegate come quelle dei film, brusca frenata, ospedale, corsa con barella, lunghi corridoi, soffitto bianco con luci al neon. È tutto vero, non c'è la macchina da presa. Sono lucido, non ho mai perso conoscenza. Mi sento dissanguato...

«Chi è stato, chi è stato?» Anche il chirurgo me lo chiede.

«Ma le gambe?»

«Chi è stato?»

«Non voglio morire, non voglio morire.»

Non insiste e capisce che il mio problema, e anche il suo, ora è un altro. Gli infilano i guanti. Ho un sussulto. Ripeto il numero di telefono dei miei genitori almeno dieci volte. *Adios*.

Ho saputo dopo che fui operato tre volte nell'arco di ventiquattr'ore. Il fegato era messo male e anche il polmone non scherzava. Il midollo era l'ultimo problema, anche se i medici supponevano una paraplegia. La mia vita era veramente appesa a un filo e lo rimase per le tre settimane successive.

Il chirurgo che mi salvò la vita, un italo americano di nome Guarneri, molto bravo e conosciuto, era uno abituato alle pallottole perché aveva lavorato parecchio a New York e si era specializzato in incidenti con armi da fuoco. Le infermiere avrebbero in seguito confidato a mia madre che se non avessi trovato lui, probabilmente sarei morto. Quella sera il miglior chirurgo in città era lì ad aspettarmi. Nella sfiga un bel culo. Mi portarono in quell'ospedale solo perché era il più vicino a Isle of Venice e Guarneri comprese immediatamente cosa si doveva fare: fegato da una parte, polmone dall'altra. Alè, si comincia.

Non aspettò nemmeno il secondo chirurgo, non c'era tempo, prese un ragazzino di turno, più per una questione legale che altro, e iniziò il suo lavoro.

«*He could die, he could die*», può morire, può morire. Queste erano le frasi che mia mamma che parla bene inglese si sentiva ripetere ogni venti parole. I miei genitori vennero avvertiti dal personale dell'ospedale e a loro volta telefonarono a Lara. Praticamente si conobbero così. I miei cercarono subito un aereo privato, tramite alcuni conoscenti, ma la possibilità saltò. Attesero parecchie ore prima di poter prendere un volo di linea in prima classe, con un telefono satellitare che non funzionava e con l'angoscia di arrivare a Miami per sentirsi dire: « *Sorry, your son is dead!* »

Lara, che in quel periodo lavorava in un'industria di abbigliamento, si presentò dal suo titolare, disposta a licenziarsi pur di partire. Le fecero il passaporto in un attimo e arrivò anche lei.

Non so con esattezza se riconobbi mio padre, mia madre e Lara, anche se quando arrivarono mi abbassarono la morfina. So solo che li sentivo vicini. Ma alla fine ho molti ricordi di quello che mi è sembrato un grande viaggio, un lungo sballo con una boccia di morfina sempre attaccata al braccio e una inumana dose di potentissimi medicinali. Ho avuto la « fortuna » di essere tra i pochi a provare il Top Gun, un antibiotico fuori mercato, considerato l'ultima spiaggia per i casi gravissimi.

Sicuramente mi divertii di più dei miei poveri parenti che ogni tanto venivano raggiunti da un fidatissimo amico o da uno zio.

Ricordo con nitidezza sogni e allucinazioni.

Vidi Lara nuda raggomitolata dentro un sacchetto di plastica sottovuoto. Sembrava un pollo, stava molto male. Mi preoccupai e chiesi spiegazioni all'infermiera.

Andai in Giamaica dove ritrovai gli amici di Thiene, capitanati da Mirco, che mi ricevette tutto sporco di marmellata e in perizoma tigrato e colbacco russo in testa. Serio e impegnato, mi spiegò in uno slang inglese tutto suo che era lì per lavoro: stava girando un film porno. Era stato pure ben pagato. L'atmosfera era surreale ma tutto si svolgeva all'insegna di un grande impegno e professionalità. Tra gli attori maschili anche Luca e Giulio avevano un ruolo da protagonisti. Una menzione speciale a Valentina che, ignara, aveva raggiunto il suo fidanzato Giulio in Giamaica, e a un certo punto, sicuramente infastidita ma troppo orgogliosa per darlo a vedere, aveva cominciato a distribuire pappette ricostituenti e flebo all'intera brigata. Attorno ai protagonisti giravano gli amici di sempre che si davano un bel da fare per scaldare le attrici valutandone a fondo capacità e doti.

In seguito mi dissero che mio zio Kiko, il fratello minore di mio padre, l'artista di famiglia, il regista, era venuto una settimana a Fort Lauderdale. È probabile che avessi collegato il sogno alla sua visita. Zio, non preoccuparti, la sceneggiatura è mia!

Uno psicologo mi spiegò che nei casi come il mio il sogno è uno dei modi in cui la nostra mente elabora il dolore e mitiga per quanto possibile la sofferenza. Di dolore dovevo averne tantissimo visto il numero di sogni che continuavano ininterrotti.

Cambiavo ogni sera infermieri, cambiavo stanza, facevo dormire altre persone in camera, lasciai perfino il mio letto a un ragazzo di colore enorme, dalla faccia molto simpatica, che mi raccontò di aver studiato a Thiene nel mio stesso liceo, addirittura eravamo in classe insieme.

Una notte entrò della gente che avevo incontrato in Marocco; si intrufolarono nell'ospedale di nascosto perché non avevano i soldi per pagarlo. A causa di un virus avevano tutti la cagarella. Prestai la flebo a uno di loro.

Era sera. Ero a casa con mio padre e Lara. Volevo uscire con loro ma mi lasciarono lì perché dovevo riposare, sarebbero tornati l'indomani. Ma io, cazzo, volevo andare con loro.

Probabilmente erano papà e Lara al mio capezzale che mi salutavano prima di uscire dall'ospedale e andare a cena.

Tutto sommato alla fine stavo meglio dei miei familiari ed è probabile che attraversai diversi stadi di assoluta incoscienza ma anche di una certa presenza, compatibilmente con la boccia di morfina a cui ero attaccato.

Dopo trenta giorni cominciarono a svegliarmi. Mi trovavo ancora in rianimazione, in una camera singola, ma riuscivo a respirare da solo. Per una settimana non mi diedero da mangiare né da bere. Un incubo, dopo tutto quello che avevo passato. Cazzo, perché mi trattavano così? Sognavo di corrompere qualcuno per avere una bibita, cercavo di farmi capire dai miei a gesti, dato che parlavo a voce bassissima, chiedevo loro dei soldi. Forse era per quello che non mi davano da bere, non avevo soldi. Ma io avevo il contatto giusto, in ospedale c'erano ancora tutti i ragazzi del Marocco, potevo contare su di loro. Poi sentii una voce che mi chiamava e mi diceva di alzarmi, cazzo non posso, non riesco a spiegarglielo, per fortuna avevo con me un orologio che credevo potesse parlare. Ma nessuno mi portava da bere. Quello se ne andò senza vedermi. «Come faccio, aiuto, aiuto! Perché nessuno mi aiuta?»

Quando mi sentii un po' meglio, mi diedero dei fogli per poter comunicare scrivendo, ma non riuscivo. Avevo la scrittura di un bambino di due anni. Eppure volevo raccontare ai miei che ero stato qualche giorno in ospedale per un malore, poi ero andato a piedi in Marocco, che volevo vedere la partita con Nicolò ma non c'era il collegamento, che suo papà giocava in porta, che avevo vinto una regata nei canali di Venezia davanti a Vasco Vascotto. Figurarsi, a Venezia, in barca a vela, si sbatte l'albero contro uno dei tanti ponti.

Chiedevo delle gambe, non le sentivo, erano tutte fasciate. Loro mi dicevano che non sapevano niente e che Guarneri doveva parlargli ma non lo aveva ancora fatto. Ogni tanto arrivava anche un prete.

Nel frattempo la notizia della mia aggressione si era diffusa nell'ambiente thienese. Partiti per Miami i miei genitori, nella loro casa di campagna, cerimoniere mio fratello Alessandro, si svolgeva un'interminabile veglia, un continuo andirivieni di amici, amici di amici, conoscenti, sconosciuti. Giorno e notte, decine di persone bivaccavano portando cibo, bevande e sacchi a pelo, in attesa di notizie dirette sul morituro, medium Alessandro in perenne contatto telefonico con papà e mamma. Una catena di speranza contro la morte, unita al forte senso di appartenenza a una comunità, aveva costruito intorno al mio destino un piccolo mondo attonito in cerca di perché. Contemporaneamente si formò un clima celebrativo, fatto di storie e aneddoti che mi vedevano protagonista, sul modello di Sherazade che non può essere messa a morte dal sultano finché il racconto continua. Un bell'esorcismo per tenermi in vita. Stretti attorno a mio fratello in frenetica attesa, gli amici più cari costruivano una mitologia in tono minore sulle gesta di Andrea Stella, suscitando ammirazione e commozione di conoscenti e sconosciuti. Del resto, si sa, la morte giovane impressiona molto e genera esagerazioni. Di sicuro quei giorni drammatici, legati alla girandola di notizie che arrivavano da Fort Lauderdale, hanno fortificato l'amicizia e cementato l'appartenenza al gruppo di cui mi onoro di far parte.

Curiosi e sconosciuti continuarono il pellegrinaggio anche durante il periodo della mia riabilitazione, ma lo vissi con profondo disagio. In un periodo così difficile avrei voluto vedere solo le persone più care, quelle a cui avrei potuto raccontare la mia disperazione.

All'indomani della mia partenza per Miami, mio fratello Alessandro era un ventenne con tanto entusiasmo e poche idee chiare. Un bel ragazzo, molto più alto di me, che somiglia a Pete Sampras, il tennista. Sia io che lui avevamo vissuto fino a quel momento senza sostanziali problemi. Ma lui, a differenza mia, aveva avuto qualche difficoltà a scuola, di tipo caratteriale, specialmente con alcuni insegnanti. Era dotato di capacità logico-matematiche fuori dal comune, compensate da carenze in altre materie che lo interessavano meno. Era un tipo vivace.

Io ero più regolare, più tranquillo e me la cavavo più o meno in tutte le discipline, pur senza spiccare in nessuna. Quando gli chiedevo aiuto nella risoluzione di un problema accettava, anche se dopo mille imprecazioni. Ci scontravamo parecchio, però, e alla fine credo che la gerarchia fosse rispettata. In fin dei conti ero il fratello maggiore!

Nascondeva la sua sensibilità con atteggiamenti spavaldi e decisioni coraggiose e ardite, spesso soltanto declamate, talvolta realizzate. Poco disposto alle mediazioni, irruente, un po' spaccone, lo studio come ultimo dei suoi pensieri, si era sempre goduto a fondo i privilegi del benessere familiare, all'insegna del divertimento. Improvvisamente, con il mio incidente, mentre i miei mi assistevano all'ospedale negli Stati Uniti, si ritrovò a rappresentare la famiglia. Ma ha saputo affrontare il dolore con coraggio e gestire la rete di rapporti sociali con maturità. Al mio ritorno, su di lui ho avuto racconti e giudizi molto lusinghieri.

Nel corso del tempo, deve essersi accorto che il suo ruolo era cambiato: il rampollo un po' discolo e scavezzacollo aveva lasciato spazio allo studente brillante di ingegneria informatica, capace di dedicarsi completamente agli altri, generoso di sé e delle sue emozioni. Riuscì a domare la sua irrequietezza di ribelle senza causa e credo anche grazie a quello che mi è capitato. La mia esperienza ha avvicinato Alessandro, come tutti noi, al dolore, alla riflessione, alle difficoltà vere, al dover contare sulle proprie forze per farcela.

All'università si era iscritto a ingegneria. Era ai suoi primi esami. È una facoltà dura che normalmente richiede un percorso di studi ben più lungo di quello indicato ufficialmente. Alessandro l'ha compiuto in poco più di quattro anni.

Decisero di spostarmi al piano di sopra. Ero in camera con un altro signore che mi pareva stesse peggio di me, anche se oggi credo non avesse niente. Mi ricordo di Gigi, un amico di papà. Gli dissi che volevo andarmene. Mi rispose di stare tranquillo dato che non mi ero ancora rimesso.

Mi ricordo del fratello di mia mamma, Alberto, che stava più in America che in Italia per non lasciare sola sua sorella, stravolta dagli eventi. Con lui penso di aver anche riso di fronte alla prima colazione che mi hanno offerto nella mia «suite» ospedaliera. C'erano anche due untuosissimi French toast, fette di pane passate nell'uovo, fritte nell'olio e ripiene di formaggio. Non male per un malato nelle mie condizioni!

Mi cambiavano la medicazione sull'addome. Un dolore pazzesco. Mi dovevano fare le punture di morfina. «Perché mi fate male? Basta, basta, basta, non ne posso più, basta, basta.» Mi facevano continui prelievi di sangue. Un giorno un'infermiera mi bucò il braccio quindici volte senza riuscire a trovare la vena: ero completamente disidratato.

Quanto dolore. Era orribile. Alternavo momenti di lucidità ad altri di totale allucinazione.

« Le ciabatte, vorrei fare una doccia, per favore portatemi le ciabatte », urlai tra l'imbarazzo dei miei familiari. Non so dire con esattezza quando ho capito che non avrei mai più camminato. Ricordo episodi più simili a sogni che a fatti reali. Eravamo a Lugo, il paese natio di Lara, in un piccolissimo centro commerciale, seduti su degli sgabelli; c'era il prete, la mia famiglia, Lara, e Guarneri che mi diceva che non avrei più potuto camminare. Un'altra immagine che ho impressa è la faccia di mia mamma, che sembrava inquadrata da una cinepresa, di profilo, le parole senza espressione che mi raccontano di una lunga riabilitazione. Probabilmente lo compresi in modo graduale: ingoiai questo amarissimo sciroppo piano piano, alternando dei « mandar giù » a dei « rigetti ». Ero confuso, sballottato, travolto dalla stanchezza di medicinali d'ogni tipo, tra dolori, rabbie e paure. Insomma, un bel caso pronto per la psicanalisi.

Cominciò un'altra fase: dalla rianimazione alla prima riabilitazione con presa di coscienza del nuovo definitivo status. Allucinante.

2

LA RIABILITAZIONE

Appena fui in grado di sostenere fisicamente un viaggio aereo venni trasferito in Italia. Meta tutt'altro che esotica: Ospedale San Bortolo, Vicenza. I miei scelsero questa struttura dopo aver raccolto informazioni di ogni tipo e aver valutato anche la permanenza a Miami, dove c'è uno dei più grossi centri di riabilitazione al mondo. « I protocolli sono uguali », dissero a mio padre. « Quello che possiamo fare qui lo fanno anche a Vicenza. Lo porti lì, sarà più vicino a casa. »

Il 20 ottobre uscii dall'ospedale con l'ambulanza diretto all'aeroporto di Fort Lauderdale. Passammo dalla porta di servizio. In aeroporto compresi il perché: prima del *gate* c'erano undici telecamere e un paparazzo. L'inserviente dell'aeroporto con la divisa sgualcita mi spingeva su una carrozzina dell'anteguerra. Passai di fronte al check in e vidi parecchi ragazzi, molti italiani. Porca puttana, come ero ridotto. Chiacchieravano, ridevano, scherzavano. Sapevano che anch'io ero come loro solo un mese prima? Immaginavano che ero italiano? Capivano che potevo essere uno di loro? La mia vita sembrava finita e dovevo ancora rendermene conto.

Superata la coda al *gate*, un ragazzetto seduto sul pavimento di moquette con un taccuino e una macchinetta fotografica si alzò, mi fece delle foto e corse via. L'inserviente si mise a imprecare.

Prima classe Alitalia. Non c'ero mai stato, anche quella

mi sembrava squallida. Di fianco avevo Lara. Dietro c'era il medico dell'Europe Assistance.

Atterraggio a Roma. Scendono tutti tranne me. Arrivano due persone con la barella. Mi sento un pacco.

Pausa. Ripartiamo. Fanno tutto loro. L'aereo è piccolo, dell'Alitalia, io sto disteso in barella. A Venezia altra odissea: l'ambulanza mi porta direttamente in ospedale a Vicenza. La mia nuova casa per i prossimi mesi. Camera da quattro. Tutti giovani. Gli altri tre hanno battuto la testa, lesione cerebrale. Uno lo conosco, cazzo, un mio compaesano, dava i biglietti del Torrino, la discoteca. Il primario mi visita, angosciante, basta, basta. E non sono ancora nella fase acuta. Tutto è schifosamente difficilissimo.

Per i prossimi tre, quattro mesi sarei stato ospite dell'hotel San Bortolo tutta la settimana mentre il weekend, dopo qualche tempo, avrei potuto passarlo a casa. Io non ce la facevo.

Il primo sabato barattai il ritorno a casa, dato che in teoria sarebbe stato troppo presto. Ma c'era Milan-Juve, glielo dissi al medico. Mi chiese per chi tifavo, avevo il 50% delle possibilità. Gli risposi la verità, che ero milanista, per fortuna lo era anche il medico, mi era andata bene. Non mi ricordo il risultato della partita.

Primo trasporto a casa. Furono mio padre e Mirco, un mio amico che in quel periodo mi stette molto vicino, a mettermi in macchina. Che casino. Volli andare a tutti i costi al pub Ai Milanesi a mangiare gli gnocchi, favolosi.

Il pomeriggio la mia casa era piena di gente. Mio zio mi telefonò per dirmi che era meglio se parlavo subito con la stampa, altrimenti non mi avrebbero dato pace. Detto fatto. Articolone sul giornale locale e varie televisioni. Sembravo forte. Mah?

Dopo un incidente come il mio, una delle cose più difficili è tornare a fare le cose che facevi prima, ritrovare persone che conoscevi anche solo di vista. A Thiene quella domenica nella via centrale, il corso, c'era il « mercato franco », una ricostruzione del mercato medioevale. In un paese di 20.000 abitanti tutti conoscevano la mia storia. In un momento di follia decisi di fare un giro con i miei amici per il mercato. Pazzesco. A centotrenta centimetri di altezza in mezzo a una fiumana di gente è un casino. Non riuscivo nemmeno a fare duecento metri perché mi fermavano tutti. La fioraia mi abbracciò. Una vecchia, toccandomi, si fece il segno della croce. Doveva avermi scambiato per un miracolato.

Andai anche al bar Carducci, quello del gruppo: tavolino fuori, vin brulé caldo. Tutti mi abbracciavano, mi chiedevano qualcosa, mi dicevano che avevano tanto pregato. A ripensarci adesso non so come ho fatto quel giorno ad affrontare così tanta gente, forse ero ancora sotto morfina...

Il sabato successivo scesi per la prima volta nella palestra dell'ospedale. C'era poca gente. Stetti male subito e ritornai in camera: avevo lo stomaco spappolato dai medicinali.

Il lunedì andò un po' meglio. C'era un ragazzo con il pizzetto che faceva le impennate con la carrozzina, Daniele. Era lui che aveva attaccato in palestra i poster delle moto di Valentino Rossi. Prima, lavorava all'Aprilia al magazzino ricambi. Molti dei ragazzi che avevano avuto un incidente con la moto se avessero potuto esprimere un desiderio e tornare a camminare si sarebbero ricomprati subito il loro mezzo a due ruote.

Ecco la principale differenza tra la riabilitazione e il lavoro. Con la riabilitazione il risultato massimo a cui puoi aspirare è bassissimo, non te ne importa niente di sapere che con un po' di esercizio avrai più forza, potrai trasferirti autonomamente dalla carrozzina al letto. Ma chi se ne frega, meglio ammazzarsi. E nonostante gli sforzi dei fisioterapisti, Giuseppe, Paolo, Andrea, Paola, Massimo, Lucia, dei tipi veramente in gamba che ce la mettevano tutta per aiutarmi, non c'era niente da fare: il mio umore non migliorava. Giuseppe mi seguiva direttamente. Era il più esperto del reparto, conosceva tutto, aveva tante passioni: la storia, la cucina vicentina, l'arte. Riempiva le mie mattinate con racconti interessanti. Un po' mi distraevo e mi mettevo a ragionare, ma poi, bum!, mi rigettavo nell'abisso.

Ci provò anche la psicologa dell'ospedale, ma la bloccai subito. Le dissi che avevo sempre avuto fiducia in psicologi e psichiatri, forse perché non ne avevo mai avuto bisogno, ma lei ora non poteva aiutarmi, nessuno poteva aiutarmi. Lei non stava su una carrozzina, con tutto il rispetto, ma che cazzo ne sapeva. E poi alla fine avevo preso una decisione, mi sembrava l'unica possibile, il suicidio. Certo, Lara e i miei avrebbero sofferto, ma alla fine sarebbe stato meglio anche per loro. In fondo ero un ventiquattrenne rampante e gasato che aveva « sporcato » la sua vita intensa e perfetta fino a ridursi a un poveraccio in sedia a rotelle, destinato allo sconforto e alla depressione per tutta la vita. Vaffanculo, nessuno può darmi una mano, io voglio solo togliermi di torno.

In ospedale mi veniva a trovare un sacco di gente. « Che fortunato », dicevano gli altri ragazzi ricoverati, « guarda quanti amici. » Ma chi se ne frega! Io voglio ammazzarmi, volete capirlo? Tra l'altro ero diventato anche un fenomeno sociale perché passavano a salutarmi persone che conoscevo solo di vista, scusandosi perché non erano venute prima. Mah.

Cercavo di non lasciarmi andare, non davo confidenza a nessuno, non discutevo dei miei problemi perché conservavo un certo orgoglio. Solo a pochi chiedevo di aiutarmi: « Datemi una pistola ». Con Giulio e Mirco c'ero quasi riuscito.

C'era un fratino che girava per l'ospedale. « Il signore ti ha scelto... »

Porca miseria, se avesse guardato dall'altra parte sarebbe stato meglio. Da quando gli dissi così il fratino stava un po' più alla larga, ma mi salutava sempre, speranzoso.

Due sere alla settimana ordinavo al telefono la pizza, le altre mi portavano il cibo da casa. Il cibo della mensa ospedaliera, di per sé non buono, diventava indigesto se mangiato tutti i giorni per quattro mesi in un bel contesto come quello di uno stanzone proprio in mezzo al corridoio del reparto ospedaliero.

Quando cominciai a passare i fine settimana a casa, a volte mi facevo riportare in ospedale il lunedì mattina invece che la domenica sera.

Una delle tante volte che « bruciai » il rientro domenicale, andai a mangiare una pizza con Lara e gli amici. Io e Lara ci eravamo affittati un DVD da guardare più tardi, *Extreme measures*. Durante la cena chiesi ai ragazzi se lo avevano visto. « Bello », mi disse Bist. « Molto bello », fece Laura, la sua fidanzata. Morale, ci vedemmo il film. Allucinante. Era la storia di un dottore inglese di nome Guy Luthan, interpretato da Hugh Grant, che lavorava in un ospedale di New York e scopriva che i corpi di diverse persone morte nel pronto soccorso scomparivano. Dato che le sue ricerche davano fastidio, per fermarlo alcuni uomini lo stordivano e gli iniettavano una dose paralizzante. Ricordo benissimo la scena. Al risveglio i medici gli facevano credere che era rimasto tetraplegico. Ma non finiva qui. Artefice di tutto questo era il dottor Lawrence Myrick, interpretato da Gene Hackman, un famosissimo chirurgo che aveva deciso di abbandonare i codici deontologici e usare come cavie dei suoi esperimenti uomini invece di animali. Voleva scoprire la cura per le lesioni spinali. Alla resa finale, nello studio della clinica privata del dottor Myrick, il dottor Luthan lo accusava di aver abbandonato qualsiasi etica, ma Myrick si giustificava dicendo: « È per aiutare quelli come loro », e indicava la sua segretaria che si allontanava dalla scrivania in carrozzina. Vi lascio immaginare come dormii quella notte.

Il mattino dopo, il solito tran tran con mia madre che mi accompagnava in ospedale mentre io pensavo solo al suicidio. Taxista del lunedì mattina, era lei a beccarsi tutte le mie crisi. Ma imperterrita mi parlava della ristrutturazione del bagno di casa.

« Mamma, mi ammazzo. »

« Piastrelle gialle o blu? »

Il bagno poi venne uno schifo. Infatti è stato appena rifatto.

Io e mia mamma ci assomigliamo parecchio sia fisicamente che come carattere. Siamo tutti e due molto riservati sulle nostre cose. E questa somiglianza ha creato un rapporto strano, basato su un grande affetto ma come bloccato da una paura di abbandono uno nell'altro.

Mia mamma, Francesca, è una donna colta. Sua madre, la mia adorata nonna Maria, fu la prima professoressa del liceo classico Pigafetta di Vicenza. Occhi verdi, chiari, mi narrava storie e racconti, e da ragazzino mi traduceva le versioni di latino. Grande nonna!

Mio nonno, che era medico, morì quando la mamma aveva appena vent'anni. Ho conosciuto il nonno materno solo attraverso i racconti della gente, attraverso le persone che mi fermavano per la strada e mi dicevano che mio nonno aveva salvato la vita loro o di qualche figlio. Ma aveva le sue paturnie e impedì a mia madre di frequentare il liceo classico a Schio perché avrebbe dovuto prendere il treno. E così mia madre fece a Thiene le magistrali, poi decise di recuperare in un anno i tre anni di liceo classico. Studiò da privatista e realizzò il suo sogno. Poi lettere antiche, indirizzo archeologico. Dopo la nascita di Alessandro, di fronte alla scelta tra scavi in Egitto e famiglia scelse di fare la mamma a tempo pieno. Divenne poi insegnante alle scuole medie di Thiene. Per noi figli è stato un bene. Ci ha insegnato molto, e, pur proteggendoci, ci ha sempre dato la possibilità di sperimentare da soli.

Mi sono sempre rapportato a lei con un fare da ometto, ero un bambino più grande della mia età. Crescendo sono cambiato ed è emerso il mio animo goliardico. Ma forse quel bambino che non guardava i cartoni animati ha chiuso la porta alle complicità e fragilità che si scambiano madre e figlio.

L'incidente fu per lei un colpo durissimo. Ma riuscì a dimostrare una forza incredibile perfino in ospedale a Miami, quando ero ancora in bilico tra la vita e la morte. Era lei a parlare con il medico che le spiegava che la mia vita era ancora appesa a un filo. Parlava lei perché sa bene l'inglese e perché forse era l'unica a capirci qualcosa.

La mia vita ospedaliera cambiò grazie all'amicizia con Omar, Daniele, Christian e Michele, un ex centauro padovano. Omar, più giovane di me di qualche anno, prima dell'incidente faceva il cuoco in uno dei più prestigiosi ristoranti di Venezia. La notte dell'incidente stava tornando a casa in macchina da solo. Era stato a Belluno, dove con il padre aveva deciso di prendere in gestione il ristorante più antico e rinomato della città. Troppo lavoro aggiunto alla stanchezza, Omar si addormentò in macchina. Christian, un tipo molto magro, con il pizzetto, è un ragazzo sveglio, un po' introverso. Ma è difficile giudicare qualcuno conoscendolo in quella fase delicata della vita. Lo sconforto, il dolore, la depressione la fanno da padroni, e l'egoismo non lascia spazio a nient'altro.

Finita la riabilitazione in palestra, ci appartavamo nel nostro terrazzo privato, un enorme piano dell'ospedale completamente vuoto ma coperto, che sarebbe dovuto diventare un reparto. Ma si sa come vanno queste cose, prima si è costruito tutto, solo dopo si sono fatti i rilievi geologici e si è scoperto che non poteva reggere. Beata Italia! Stavamo lì a fumare, a volte con qualche amico venuto a trovarci. Il primo momento di normalità all'interno di quel manicomio.

Lara lavorava sempre nell'industria di abbigliamento e ogni sera quando staccava veniva all'ospedale. Non mancò neanche una volta. Non ero di grande compagnia, le parlavo solo di suicidio, altrimenti mi addormentavo stravolto.

Il 4 dicembre era il nostro anniversario, mi portò fragole e champagne, passai una bella serata. Faceva di tutto. Con il suo carattere mite e riservato ma deciso mi spronava, prendeva l'iniziativa, mi accompagnava fuori. Avevo molto di più di tanti altri rinchiusi lì dentro ma in quel momento non mi interessava. Era la mia vita a essere finita.

Ogni tanto a pranzo scappavo con Mirco e andavamo in un ristorante vicino all'ospedale. Il proprietario mi chiedeva sempre se sarei più tornato a camminare, gli sembrava impossibile che non facessi miglioramenti. E mi resi conto solo molto dopo del sostegno che ho avuto dai miei amici. C'era sempre qualcuno che veniva a trovarmi: Giulio, Bist, Mirco, Nicola, Zeno, Filippo, Ivan, Cimbro. Riscoprii un'amicizia con un altro Giulio, Manfredini. Da bambini avevamo fatto molti viaggi e vacanze insieme. Ci eravamo un po' persi di vista. Tutti i giorni, all'una, faceva un salto da me. È il ragazzo più mite che conosco. Non credo fossi di grande compagnia. Ero pieno di dolore, sono stato uno dei più grandi consumatori di Contramal, Fortradol, Toradol.

Mi alzavo con l'idea di ammazzarmi, anche se non sapevo bene come fare. Alla sera idem. Tenevo dentro il mio dolore e lo sfogavo solo con le persone a me più vicine. Sono stati bravi a sopportarmi, anche se alla fine mi confessarono che ero pesante e che si sentivano trattati come dei semplici conoscenti.

Il sabato e la domenica li trascorrevo a casa. Il campanello suonava sempre. Veniva a trovarmi un sacco di gente, amici veri e soliti curiosi. Molte volte mi sforzavo, fingevo di star bene. Stavo sicuramente meglio che in ospedale ma mi sentivo comunque sempre dentro un girone infernale, senza fine e senza scampo.

Le cose in ospedale andarono un po' meglio quando ottenni la stanza da solo. Televisione e Playstation. Cominciai a giocare in borsa e imparai che si possono perdere soldi. Chiamavo spesso al telefono il mio consulente bancario, tutti i giorni leggevo *Milano Finanza* e il *Sole 24 Ore*. Mi sembrava di essere vivo. Mi appassionavo, mi esaltavo per i guadagni, ci rimanevo male per le perdite. Provavo un'eccitazione simile a quella dei giocatori d'azzardo. Ma rimaneva sempre il verdetto: riabilitazione = suicidio. L'ospedale logora, quando tornai a casa andò decisamente meglio.

Venni dimesso i primi di febbraio. Tre mesi e mezzo di ospedale potevano bastare. Sarei dovuto tornarci tre pomeriggi alla settimana per continuare la riabilitazione. Ma mi pesava molto meno. Ero ancora deboluccio, dovevo rinforzarmi, ma riuscivo a essere autonomo. Mi vestivo da solo, una conquista non da poco.

Mi sarei reso conto solo molto dopo di quanto il tempo aiuti. Da tutti i punti di vista, fisico e psicologico. Ma all'inizio fu veramente dura. La gente non è abituata a vedere disabili che compiono attività normali, che lavorano, fanno sport. Il primo a non capirlo ero comunque io.

La nuova vita partiva da una prospettiva completamente differente, guardavo la realtà da centotrenta centimetri di altezza. Ero più indifeso di un bambino. E me ne accorsi subito.

Anche oggi molte volte sono indifeso e ne soffro. Non ho mai concepito l'aperitivo al bar seduto dietro un tavolino, il bancone era di rigore. Adesso stare al bancone è diventata una sofferenza. Le persone più sensibili se devono parlare a lungo si mettono in ginocchio, alla mia altezza.

Lara ha preso l'incidente di petto. Non ha avuto dubbi. Non ha mai tentennato di fronte alle difficoltà. Mai di fronte al mio umore pessimo. Il suo obiettivo era uno solo: dovevo star bene. Si occupava lei di tutto, mi sollevava da qualsiasi incombenza pratica. Mi spronava, mi portava fuori a cena. Si preoccupava lei di vedere se un posto era agibile, se non lo era si arrangiava a trovare una soluzione. Una volta mi fece salire quattro piani di scale, naturalmente da sola. « È una questione di tecnica, se uno mi aiuta ma non sa come si fa, faccio solo più fatica. »

L'automobile è stata un bel passo avanti. Mentre ero ancora in ospedale, prima di riprendere la patente, avevo già ordinato una macchina.

Mio padre mi aveva proposto una cabrio. « Così d'estate puoi respirare l'aria. » Che viziato che ero. Non solo a non dovermi preoccupare delle spese di un ascensore ma addirittura a sentirmi libero di viziarmi e farmi viziare. E a posteriori credo che il mio veloce recupero psicologico sia avvenuto anche grazie alle mie possibilità economiche. Ma in quel momento era l'ultimo dei miei pensieri. Accettai e feci una buona scelta. Una bellissima Mercedes cabrio. Blu metalizzato, interni in pelle color ghiaccio. Neanche a dirlo, *full optional.*

Dovevo rifare la patente. Niente teoria, solo pratica. A Padova conobbi Walter, un ragazzo giovane, giornalista, paraplegico anche lui. Dirigeva un centro servizi per persone disabili: informazioni di qualsiasi tipo, pratiche per le patenti, autofficina per adattare le auto. Mi prestò una Punto bianca con i comandi a mano. Tornai a casa da Padova guidando, con mia madre accanto. Fantastico. Non mi è mai piaciuto così tanto guidare.

Mi sentii vivo. Per la prima volta dopo l'incidente ero io a condurre. Finora era stata la carrozzina. Quanti sforzi e quanta fatica con quell'attrezzo con il quale avrei passato la maggior parte del mio tempo. Massimo, il terapista dell'Unità spinale, mi obbligò a fare tantissimo esercizio negli scantinati e nel cortile dell'ospedale. « Dai, impenna. Fai il gradino. Non aver paura. Vedrai che alla fine ce la fai. Conosco uno che fa così, un altro cosà. » Continuava a portare esempi positivi di ragazzi disabili da diversi anni che con la loro seggiolina si muovevano ovunque. Massimo è un bravissimo ragazzo che si dà molto da fare e nel suo tempo libero segue i ragazzi disabili che si preparano per le Paralimpiadi. Quando nell'ottobre 2004 arrivai all'« hotel » San Bortolo, Massimo era a Sydney come loro accompagnatore. Ti trasferiva il suo entusiasmo. Anche perché è importantissimo saper usare la carrozzina al massimo delle proprie possibilità. Devi imparare a spingerti, a impennare per superare i piccoli ostacoli e poi a smontare la sedia e caricartela in macchina da solo. Questo era quello che riuscivo a fare io. Ogni disabilità è differente e le potenzialità residue variano moltissimo.

In compenso il dolore non cessava.

Mi faceva un male bestia la zona lombare. Facevo fatica a stare seduto sulla sedia per più di due ore. Sentivo il bisogno di distendermi. Uso sterminato di antidolorifici e lamenti continui da parte mia. In ospedale provarono ogni tipo di terapia antalgica. Niente.

L'unica cosa che alleviava un po' il dolore erano i massaggi con Sonia e con il professor Liu, un medico cinese che pratica massaggi, insegna Tai Chi e di nascosto fa l'agopuntura. Di nascosto perché un'illuminante legge italiana permette la pratica dell'agopuntura solo a medici italiani che hanno seguito un corso. O a medici cinesi purché la loro laurea sia parificata, cosa praticamente impossibile. Questo credo si chiami protezione del business più che protezione del malato.

Stufo delle solite pastiglie, cercavo altre strade che alleviassero i dolori. I progressi all'inizio mi parvero minimi, in realtà Sonia e il cinese mi avrebbero aiutato a seguire un percorso nuovo, appena inconsciamente cominciato. Infatti, il primo contatto che ho avuto con un mondo spirituale è stata Sonia, una morettina minuta e simpatica, nata e vissuta in un paese vicino a Thiene. La sua formazione e la sua bravura mi hanno trasmesso molte delle esperienze che ho poi raccolto attraverso il mio cammino, attraverso il contatto con altre persone e altre terapie.

Un giorno Luciana, fisioterapista ma soprattutto amica di famiglia (trascorrevamo le estati insieme con le rispettive barche), mi parlò di una tecnica denominata craniosacrale che lei praticava e che pensava potesse in qualche modo aiutarmi.

C'era un corso intensivo ad Abano Terme a fine maggio, primi di giugno. Cinque giorni, sette pazienti, trenta terapisti da tutto il mondo, sette ore di trattamento al giorno. Era costoso. Ma chi se ne frega, proviamo. Ci andai carico di scetticismo ma disperato e quindi aperto ai miracoli. Pensavo di trovare gli altri pazienti affetti da dolori lievi, tipo la famosa sciatica. Invece eravamo sette casi gravi. Non avrei saputo cosa scegliere. Tra gli altri una schizofrenica, un ragazzino cerebroleso, Roberto, che si faceva le pere da diciott'anni, l'ultima la sera prima dell'inizio del corso. Anche se Abano era a non più di un'ora di auto da casa, io e Lara dormivamo nello stesso albergo dove si teneva il corso. Le giornate erano molto intense. Il trattamento avveniva mentre eravamo sdraiati tutti insieme su dei lettini all'interno di una mega sala dell'albergo, normalmente utilizzata per le *convention*. Quattro terapisti lavoravano contemporaneamente su una persona sola. Disteso sul lettino, sentivo la pressione delle loro mani, che non superava i cinque grammi. Ponevo molte domande, ma i terapisti non sembravano troppo preoccupati di rispondermi. Erano impegnati nel loro lavoro. Piano piano abbandonai i miei dubbi e cercai di rilassarmi. Succeda quello che succeda. Le loro impercettibili pressioni provocavano in me sensazioni strane. Sentivo il mio corpo modificarsi. L'ultima parte del trattamento venne fatta in acqua. Abano è famosa per le sue acque termali. Abbandonato tra le braccia dei terapisti mi sentivo bene.

La prima sera io e Lara andammo a cena con Roberto e Roberta, la sua compagna. Lui paziente, lei veterinaria e da qualche tempo terapista craniosacrale. Anche Roberto si sentiva bene. All'una di notte eravamo ancora in pizzeria. Diventammo amici. Non provavo dolore. Era la prima volta.

Il giorno seguente tutti in cerchio raccontammo la nostra esperienza. I volti dei pazienti erano diversi dal giorno prima. Più rilassati. Stavamo tutti meglio. I trattamenti proseguirono con successo.

Feci amicizia con molte persone del gruppo. Tra queste, con Diego Maggio che era il direttore dell'Istituto Upledger Italia. La tecnica craniosacrale è stata infatti inventata dal dottor Upledger, un ex medico di base americano. Ironia della sorte, la sede madre è a Palm Beach, a non più di mezz'ora da Fort Lauderdale. In America è una tecnica riconosciuta dal sistema assicurativo. Le cure vengono cioè pagate dall'assicurazione. Ma di tutto questo a me fregava poco. Piuttosto mi interessava conoscere queste persone all'apparenza normali ma con principi e convinzioni forti, senza essere invasivi. I terapisti venivano da diverse parti del mondo. Ramona era una sciamana indiana d'America che usava le pietre e il tamburo. Mario invece i cristalli. Un terapista irlandese praticava l'agopuntura. Tutti lavoravano con la terapia craniosacrale ma ognuno poteva usare tecniche e strumenti propri. Piena libertà e pieno rispetto per altre credenze. Un po' come accade qui da noi, in Occidente, dove l'ortopedico nega sistematicamente la tesi del suo collega.

Promisi a Davide e Monica, due operatori del corso con cui avevo affrontato discorsi profondi, quasi mistici, di accogliere il loro invito: io e Lara saremmo andati a trovarli a Vetan, in Valle d'Aosta.

Abbandonavo sempre di più i miei schematismi mentali. Cominciavo a pormi sempre meno domande. Ripercorsi il trauma dell'incidente. Rivissi quel giorno, il pomeriggio, la sera, gli spari, la corsa in ospedale. Il mio corpo cominciava a liberarsi. Si chiama memoria delle cellule. È la capacità del corpo di registrare gli avvenimenti. In caso di forti traumi è importante riuscire a rilasciare questa memoria intrappolata. Non chiedevo più niente. Stavo bene. Avevo abbandonato il mio modo di pensare eccessivamente razionale per scoprire un nuovo mondo entusiasmante. Era l'inizio di un percorso.

La mia vita ricominciò dalla casa. Ho sempre vissuto in una casa singola con un po' di giardino, nel centro di Thiene. Al primo piano stava mia nonna Maria, al secondo la mia famiglia, al terzo, in mansarda, la mia grande camera. Mia nonna era mancata qualche mese prima del mio incidente. Quando ancora non si sapeva che fine avrei fatto, ed ero più morto che vivo, mio padre aveva comunque dato il via ai lavori di ristrutturazione di casa. Si era deciso che io mi sarei trasferito con Lara al primo piano. Di lì a qualche anno, i miei sarebbero andati ad abitare definitivamente nella casa di campagna, dove eravamo soliti passare le estati.

Il giardino venne rifatto per integrare le rampe ed eliminare dieci gradini. Ascensore per raggiungere i vari piani. Camera matrimoniale e bagno. L'appartamento era grande perché originariamente una parte era adibita ad ambulatorio per mio nonno che faceva il medico.

E così io e Lara entrammo in questa casa.

Iniziammo a rimodernarla. Giù un muro per aprire la cucina sulla sala, un unico pavimento in legno a sostituire quel miscuglio di piastrelle, legno, palladiana che divideva precedentemente gli ambienti, un ufficio libreria, una stanza video dedicata al cinema, e *dulcis in fundo* al posto dell'ambulatorio una piscina calda cinque metri per tre con moto controcorrente. Un bel progetto che abbiamo portato avanti nel tempo trasferendoci in alcuni casi al piano di sopra quando i lavori di muratura erano più impegnativi. Un progetto che ci ha appassionato e che abbiamo sviluppato con calma. Ogni singolo pezzo dell'arredamento è venuto con il tempo, seguendo il nostro gusto che si evolveva.

Lara cucina bene. Le cene con gli amici erano frequenti. A darle il cambio era Ivan, vero artista della carne alla griglia, con cui passavamo grandi serate, insieme anche a sua moglie Elisabetta. Oggi Ivan è un punto di riferimento nella mia vita. Sia che si parli di lavoro sia di stronzate (spesso!) vengono sempre fuori cose interessanti.

Oltre ai soliti amici, se ne aggiungevano di nuovi. La

compagnia dei «veci», con il mastro Coche che insegnava l'arte dell'«arosto de osei e poenta onta» al temerario Zeno. A decidere della buona riuscita del piatto veniva chiamato un quadriumvirato formato dai due Chicco, Ball e Cenci, tutto rimesso al loro insindacabile giudizio. Questo piatto è una tradizione tipica vicentina. In Italia solo i bergamaschi lo fanno con così tanta dedizione ma con regole differenti. Ognuno ha il suo disciplinare perché un arrosto così è di difficile cottura, se sbagli butti via tutto, e il suo segreto si tramanda di famiglia in famiglia. Perfino lo spessore del lardo che avvolge gli uccelli è motivo di discussione, si parla di millimetri, ma ognuno sostiene il proprio filone. La cottura è molto lunga, senza contare la preparazione che deve avvenire alcuni giorni prima. E qui sta il fascino di una cena, che si trasforma in motivo per stare insieme, abbandonare i propri pensieri e concentrarsi su questo compito, quasi sacro.

In casa ad aiutare Lara c'è Luigina. Di giorno fa la domestica, di sera l'attrice di teatro. Una signora simpatica con la battuta sempre pronta. Ti alzi contento la mattina quando ti porta il giornale e ti racconta l'ultima barzelletta su Berlusconi. Attrice non professionista si definisce lei, ma comunque sia portava in giro diversi spettacoli, il più azzeccato quello in cui fa la parte della «cameriera sciocca». Ogni tanto infeltrisce qualche maglione, ma in fondo per lei il vero lavoro è l'arte e credo che più di una volta facendo la lavatrice abbia pensato al copione da recitare la sera più che all'etichetta del golf.

In quel periodo in cui l'ospedale mi occupava meno tempo, si cominciò a programmare il mio inserimento lavorativo. Avevo abbandonato i miei programmi di fare pratica legale in un importante studio di diritto internazionale. Ero comunque iscritto nello studio di Giovanni, un avvocato carissimo amico di famiglia, mio padrino della Comunione e padre del mio amico d'infanzia Giulio. Mio padre aveva osteggiato l'idea che andassi a lavorare lì, segno evidente di come fosse cambiato il rapporto tra noi due. Era preoccupato dell'importanza del lavoro e del fatto che dovessi avere delle soddisfazioni immediate. Secondo lui, la pratica legale non me le avrebbe date. L'azienda di famiglia invece sì. Io non ero certo quello di prima dell'incidente e non mi opposi.

Anche mio zio caldeggiò la mia entrata in azienda. « Direttore ufficio acquisti materie non prime ». Mi sembrava un po' esagerato visto le dimensioni dell'azienda, in fin dei conti sarebbe stato il mio primo impiego. Ma così fu. « È un settore divertente: è come la vendita solo che il coltello dalla parte del manico ce l'hai tu », mi aveva detto lo zio. E cominciai.

L'azienda si chiama Estel, venne fondata nel 1937 da mio nonno, che ha fatto tutto da solo con tanta grinta e pochi mezzi. Cominciò costruendo armadi fino a inventare l'armadio estensibile (Estel è la contrazione del nome Estensibile Stella) e a brevettare la forcella, ora di uso comune, per mettere e togliere gli appendini dal vano superiore degli armadi a doppia altezza.

Non ho moltissimi ricordi del nonno da piccolo. E poi sotto casa mia viveva la mia nonna materna con la quale, se non altro per vicinanza, avevo un legame più stretto. Ma in prima media decisi di non andare in settimana bianca con i miei genitori per starmene a casa a studiare. Oggi mi viene da ridere a pensare che da piccolo ero diligentissimo, quasi un secchione. Poi per fortuna sono cambiato. E così per una settimana rimasi a casa dei nonni paterni. Il nonno non rinunciava al suo giro in fabbrica, costruita di fianco a casa, ma poi trascorreva il resto della giornata con me. Mi raccontò molte cose. Lo conobbi più in quella settimana che in tutto il resto della mia vita. Pochi giorni dopo il ritorno dei miei genitori dalle vacanze, un pomeriggio rientrai a casa da una gita scolastica. In cortile mia mamma mi venne incontro, mi abbracciò e mi disse che il nonno non era più con noi. Piango ancora oggi.

Che uomo il nonno! E mia nonna non era da meno. Al suo fianco ha cresciuto quattro maschi. I due architetti, Franco, professore universitario oltre che stimato professionista, e Kiko, regista e produttore di teatro e cinema, hanno deciso di non occuparsi della gestione dell'azienda. Mentre mio padre e mio zio Alberto sì.

Caratteri diversi, il papà e lo zio crearono una coppia vincente, visti i risultati negli anni. L'azienda è oggi una gran bella realtà, specializzata nella produzione di mobili per casa e ufficio.

Entrai in Estel e mi appassionai subito al lavoro che era stimolante, di responsabilità. Ufficio acquisti. Potevo contrattare. Rivedevo i preventivi. Chiamavo i fornitori, ottenevo sconti maggiori. Mi sentivo utile.

Mio zio e mio padre mi coinvolgevano nei loro progetti. Vivevano l'azienda in modo viscerale, scagliavano le proprie idee contro quelle dell'altro in un equilibrio tutto loro. Per me era difficile, mi sentivo in mezzo, forse non ero pronto, forse non era il mio destino. Mi vedevo caricato di una responsabilità non richiesta: fare il paciere in un confronto espresso molte volte con toni violenti. Abbandonai.

La vissi come una sconfitta, caddi in depressione.

Lara fu bravissima. Prese l'auto e partimmo per una vacanza. Provenza e Camargue. Che spirito quella ragazza, nel non farsi scoraggiare mai da nulla e nell'essere così pronta e decisa.

Fu una bella vacanza. Visitammo i paesini di Gordes, Lacoste, le abbazie circondate di lavanda. I campi erano tutti viola, era la stagione di questo spettacolare fiore. Scorazzavamo in giro con l'auto cabrio. Ci fermavamo dove volevamo. Trovammo con una certa facilità alberghi con camere agibili. Gli alberghi costruiti o ristrutturati dopo una certa data devono avere la camera attrezzata per i disabili. A me non servono tanti maniglioni, o quegli inutili enormi water di cui nessuno ha capito la funzione. Mi basta poter entrare in camera e in bagno. A volte quindi andavano bene anche camere normalissime. Lara a colpo d'occhio valutava l'apertura della porta e decideva se ci potevamo fermare o no. Non ha mai sbagliato.

Ci spingemmo fino alla Camargue, Saintes-Maries de la Mer. Begli alberghi, buoni ristoranti. Io e Lara avevamo gli stessi gusti, gli stessi desideri. Era la nostra vacanza, me ne rendo conto solo ora.

Senza accorgermene avevo ricominciato a viaggiare. Una cosa che ho sempre amato fare: vedere, conoscere, assaporare posti nuovi. Ero un viaggiatore instancabile, anche se un po' troppo collezionista di città, paesaggi, situazioni. Non mi piaceva fermarmi a lungo in un posto, forse perché non c'era mai abbastanza tempo e bisognava vedere il maggior numero di cose interessanti. Amavo viaggiare in tre, quattro persone al massimo oppure da solo. In gruppo era snervante, scalpitavo, non riuscivo a rispettare i ritmi degli altri, dovevo assecondare i miei tempi e i miei desideri. Un viaggiatore non turista. Ho sempre amato i viaggi in alberghi scadenti e ostelli, ma non lesinavo sul cibo. Mi piace mangiare bene e considero la cucina uno degli elementi fondanti della cultura di un popolo. Una delle ultime vacanze prima dell'incidente fatte con Lara e due amici è stata ad Amsterdam: quattro giorni, viaggio in auto compreso, all'Hotel Kabul, un ostello a zero stelle, camera da quattro ancora sporca, bagno comune tre piani sotto, veramente un cesso.

Quando ricominciai a viaggiare dopo l'incidente mi concentrai sulla ricerca di « hotel accessibili », che in genere erano quelli di categoria più alta. Mi abituai subito a fare il viaggiatore ricco: in Francia mi trovai benissimo negli stupendi resort provenzali o nella mega suite di Avignone.

Ma ho sempre odiato i villaggi vacanza: come fai a essere in Kenia dentro un Valtur e dire che hai visto il Kenia?

Il mio primo grande viaggio fu proprio in Kenia. Diciott'anni, gambe solide, due amici, safari di quattro giorni. Fantastico. Dopo un paio di giorni che sono a Malindi scalpito, devo vedermi il resto del paese. Ho il numero di telefono di Ozy, il miglior amico dell'importatore inglese della Estel, keniota d'origine. Lo chiamo. Ci diamo un appuntamento a casa sua, Tiwi Beach, 5 ore di strada da Malindi. Parto da solo, non dico niente agli amici. Taxi duecento dollari, autobus un dollaro. Scelgo l'autobus. Sono tutti neri, ottanta persone stipate in uno spazio ristretto. Non mi sento tanto a mio agio, in fin dei conti sono un ragazzo della provincia veneta, ma va tutto bene. Aspetto in spiaggia, è mezzogiorno. Arriva un Don Johnson un po' più alto. « Ciao sono Ozy, australiano d'origine, vivo qui da vent'anni, ne ho quaranta. Ti chiedi perché mi sono stabilito qui? Guarda il mare, la sabbia, la casa a bordo spiaggia. Ti piace la pesca subacquea? Il record locale di venticinque metri d'apnea è mio. » Stanza per gli ospiti con scatola omaggio di preservativi. « Chissà, magari trovi una ragazza... » Lì non è così difficile.

« Sono le sei di pomeriggio, è l'ora per un drink. »

Al chiosco del resort confinante con la casa dell'australiano, in spiaggia, ci scoliamo birre fino alle dieci di sera. La ragazza di colore, ma originaria di Londra, che vive con lui, la compagna del momento, cucina il pesce che abbiamo pescato nel pomeriggio. La mattina Ozy se ne va a lavorare e mi lascia nella grande casa. Sono il re della spiaggia. Dopo quattro giorni ritorno a Malindi, i miei amici pensavano fossi morto.

Dai tredici ai vent'anni ho sempre trascorso le estati in vacanza con i miei in Croazia sul *Megusta*, un Irwin 44, molto comodo, insieme ad amici a loro volta in barca. Partivamo il primo agosto, rientravamo intorno al 20, con un programma che prevedeva uno spostamento quasi ogni giorno.

Erano le classiche vacanze con i genitori. Quelle che al momento detesti ma poi, diventato più adulto, rimpiangi. Mio padre con la sua irrequietezza ha stimolato da sempre la mia voglia di conoscere, di scoprire nuovi posti. Anche forzandomi. Ci spostavamo da un posto all'altro in piena libertà. Apprezzavamo il vento e il mare, senza l'esasperazione del velista puro. La barca rappresentava un mezzo privilegiato per viaggiare, per scoprire. Ma ci voleva una grossa responsabilità perché il mare è imprevedibile, anche quando sembra tranquillo e sicuro.

Dopo l'incidente tutto era cambiato. Avevo completamente abbandonato l'idea di fare le regate insieme a mio cugino Matteo. Anzi, in quel periodo un simile pensiero non mi aveva mai neppure sfiorato.

Ma anche una semplice crociera sembrava preclusa. Non volevo più tornare sulla barca di mio padre e rifiutavo ogni sua proposta di installare argani e arganetti che mi avrebbero permesso di salire a bordo a mo' di pacco.

Un giorno mio padre mi obbligò ad andare a vedere una barca a vela, perché riteneva potesse essere adatta a me, con alcune modifiche. Andammo in Romagna, salimmo sulla barca e facemmo anche un giro con il proprietario. Una volta sbarcati a terra, urlai contro mio padre per il fatto che mi aveva portato lì. Ma quello scontro fu importante perché capii che quello che in realtà mi dava fastidio era il suo voler governare la mia vita. Dovevo farcela con le mie sole forze, essere io, in prima persona, a cercare un modo per continuare a seguire le mie passioni. E fu così che ripensai alla barca a vela.

3

LA COSTRUZIONE DEL CATAMARANO

Per fortuna, anche dopo l'incidente non ho mai smesso di leggere le riviste di nautica. Nel giugno del 2001, il *Giornale della Vela* uscì con un supplemento dedicato al charter. È lì che trovai gli indirizzi e-mail di tutte le società di noleggio imbarcazioni; in Italia sono circa duecento. A tutte inviai il seguente annuncio: «Ho un Gransoleil 34.1, ma a causa di un incidente sono in sedia a rotelle e la mia barca non è più adatta. Vorrei noleggiare un'imbarcazione in qualsiasi parte del mondo, e a qualsiasi prezzo, che mi consenta di entrare, muovermi all'interno, andare in cabina e in bagno da solo».

Mi risposero tutti con grande gentilezza, ma con la stessa notizia: purtroppo una barca con quelle caratteristiche non esisteva. Alcuni mi diedero però spunti e riferimenti. Fu così che mi imbattei in diverse esperienze di vela e disabilità.

Scoprii i 2.4, una classe di barche dalle caratteristiche particolari. Il timoniere sta seduto all'interno dello scafo davanti alle manovre di controllo, quindi la conduzione non è impegnativa dal punto di vista fisico. Per di più la barca ha un bulbo molto pesante perciò non può scuffiare. Ecco perché i 2.4 sono adatti anche ai disabili e sono stati scelti per le Paralimpiadi a Sydney nel 2000. È una classe molto interessante che permette ad abili e disabili di regatare insieme.

Navigando in Internet mi imbattei in *Global Inventure*, il sito di Trevor Jones, un inglese tetraplegico che aveva adattato un trimarano molto particolare con un sistema di vele detto *wing sail*. Le vele tradizionali erano sostituite da un sistema di tre parallelepipedi montati su tre pale posizionate sopra la tuga, un incrocio tra una barca, un elicottero e un missile. Trevor Jones veniva dall'aeronautica, ma si era fatto male sciando: era finito dritto contro un albero.

Si era messo in testa di fare il giro del mondo con equipaggi diversi e stava reclutando gente per testare la barca in una prima circumnavigazione dell'Inghilterra. Quattro persone per volta, due disabili e due accompagnatori.

Io e Lara decidemmo di candidarci per una delle tappe. Detto fatto, partimmo alla volta dell'Inghilterra, qualche giorno prima della data del nostro imbarco. Era il primo viaggio aereo dopo l'incidente. Anche Lara, come me, amava viaggiare.

Atterrati a Londra, affittammo un'automobile e raggiungemmo Plymouth. Andammo subito da Trevor. Al porto di Plymouth si arriva dall'alto e da lì non potevamo non vedere le strane vele alari del trimarano. Spiccavano gli sponsor, Telecom e Virgin. Salimmo a bordo dove ci aspettava il famoso Trevor: un tipo molto particolare, cupo e taciturno.

Ci disse che la barca aveva dei problemi e che il viaggio era sospeso, ma che l'indomani saremmo potuti uscire con loro giusto per un barbecue e per vedere il mondiale *off shore*. Invito accettato. Così ci ritrovammo su quella piattaforma che di andare con il vento proprio non ne voleva sapere, a mangiare pollo alla griglia e a sgollarci un bel po' di birra fresca, ammirando i bolidi del mare. Fu un pomeriggio divertente.

A pensarci oggi, ha rappresentato il mio ritorno in mare. Un battesimo su quella zatterona galleggiante che poco ricordava una barca a vela.

Saltata la tappa del giro di Inghilterra, ero comunque

deciso a raccogliere tutte le informazioni disponibili per costruire o per trovare una barca per me accessibile.

Londra mi è sempre piaciuta ma quella volta tutta l'Inghilterra si stava decisamente rivelando un paese incredibile per l'integrazione dei disabili. Ero sicuro che avrei fatto altre esperienze interessanti, ero deciso a tornare a casa con quante più notizie e idee possibili.

Prima di partire dall'Italia avevo visitato il sito di DSA, Disabled Sailor Association, un'associazione nautica che faceva scuola a vela su un Moody 34 adattato. C'era anche la foto di un uomo in sedia a rotelle a prua di un grande catamarano da crociera. Decisi di contattare il presidente dell'associazione, un certo Mike Wood, e dopo una breve telefonata ci accordammo per vederci. L'appuntamento era appena fuori da uno svincolo dell'autostrada. Lo riconobbi subito, era lo stesso uomo della foto. Mike era un tetraplegico sulla cinquantina, con una grande mobilità. Lo accompagnava Irina, la sua nuova compagna, una bella ragazza bionda almeno dieci anni più giovane di lui. Si erano conosciuti via Internet, dopo che lui aveva avuto l'incidente: lei viveva in Russia con una figlia di dieci anni. Si erano innamorati e Mike era partito in macchina da solo dall'Inghilterra ed era andato a prendersela insieme alla figlia. Si erano poi sposati in Inghilterra. Tipo tosto, questo Mike. La DSA, da lui fondata, dava la possibilità ai disabili di fare esperienze in barca a vela, in quad, su un fuoristrada.

Dopo esserci incontrati, andammo subito al porto. In acqua c'era un catamarano di dieci metri, privo dell'albero e con l'interno completamente vuoto. Era ancora allo stato grezzo, ma era pur sempre in acqua. Era ormeggiato su un fianco e una parte dello scafo si apriva e diventava una rampa. Entrammo. Che bello! Un piccolo pozzetto interno, un pavimento in pendenza, si passava attraverso la dinette ancora in costruzione e si arrivava alla stazione di guida, centrale, davanti all'albero. Una soluzione veramente originale. Un catamarano da crociera come quello era il mezzo ideale per un disabile perché l'inclinazione laterale difficilmente supera i cinque gradi e quindi con la sedia a rotelle ci si può muovere più agilmente e ci si stanca meno. Mike mi spiegò che con un ascensore si sarebbe potuto andare all'interno di uno dei due scafi dove c'erano camere agibili. Mise in moto e uscimmo una mezz'ora a motore. Era un catamarano che, una volta finito, avrebbe pesato meno di cinque tonnellate, leggero per poter essere veloce anche con poca aria ma pensato per navigazioni sottocosta.

Ci accompagnarono in un albergo. Io e Lara scoprimmo con grande meraviglia che era tutto a norma e che potevo entrare ovunque. Mi sentivo bene, potevo muovermi da solo e non dovevo preoccuparmi di sperare di trovare un bagno da me utilizzabile nel ristorante dove andammo a cena. Cibo messicano, birra e tante chiacchiere. Mike e Irina erano due persone simpatiche e ci diedero moltissime informazioni utili. Ero avido di notizie e cercavo di carpire ogni informazione sulle barche e su come modificarle per permettere anche a un disabile di sentirsi velista.

Mike aveva un sogno: costruire un catamarano di diciassette metri accessibile e fare il giro del mondo. Come quello che si vedeva sul suo sito Internet, dove lui era a prua grazie a un abile fotomontaggio.

Non era solo un problema di soldi, bisognava anche trovare un cantiere specializzato in catamarani che accettasse di costruirlo secondo quelle specifiche necessità.

Ci sono due modi di costruire una barca: si può utilizzare uno stampo femmina, di vetroresina, uno stampo cioè che viene usato per fare lo scafo di più barche, il cui costo viene quindi ammortizzato su un certo numero di imbarcazioni. Oppure la costruzione *one off*, uno stampo maschio, una specie di guscio di noce di legno sopra il quale si dispongono gli strati di resina che andranno a costituire la barca. Lo stampo alla fine della resinatura fa la stessa fine del guscio di noce, viene rotto e buttato. È uno stampo a perdere, molto più caro perché i costi vengono ripartiti su un solo esemplare. Per di più c'è l'incognita di andare per tentativi, di sperare di indovinare le linee d'acqua e di realizzare una imbarcazione valida sotto tutti i punti di vista. Stiamo infatti parlando di un prototipo. Ma quante cose stavo imparando.

Mike mi disse di aver studiato a lungo le varie possibilità, e di aver già un piano di viaggio, con rotte, equipaggi e scali già fissati. Pensate che roba, equipaggi misti di disabili e non, provenienti da tutte le parti del mondo. Una possibilità per ragazzi che come me amavano il mare a cui l'incidente sembrava averlo portato via.

Per il via al suo progetto gli mancava solo un catamarano di diciassette metri. La sua ricerca non era stata altrettanto fortunata. Aveva avuto contatti con i principali cantieri di catamarani, tutti francesi. Ma il cantiere avrebbe dovuto essere vicino a casa oppure bisognava trasferirsi sul posto fino alla fine della costruzione. Mi diede infatti il suo consiglio più importante: un lavoro del genere, ammesso di trovare un cantiere disposto a farlo, andava seguito passo passo. Sarebbe stato facile sbagliare e per pochi centimetri compromettere l'agibilità del mezzo.

Quella sera facemmo le ore piccole e mai una cena mi diede altrettanta energia e motivazione. Soprattutto dopo la delusione di Trevor e del suo trimarano rotante.

Cominciava a maturare in me l'idea di costruire un catamarano di diciassette metri. Una barca dagli spazi comodi dove poter entrare da solo, uscire, muovermi, andare in cabina, in bagno, fare il bagno, regolare le vele. Una barca per tutti, confortevole, veloce e sicura. Una barca che mi facesse sentire tranquillo con qualsiasi mare e in qualsiasi parte del mondo. Una barca da vivere.

L'indomani un'altra grande emozione. Insieme a Mike visitammo *Verity K*, una barca a vela tradizionale, un monoscafo di undici metri con un taglio laterale per poter salire con la carrozzina, un montacarichi per scendere sottocoperta, paglioli rialzati per creare maggior spazio e possibilità di girarsi con la carrozzina. Ma queste soluzioni avevano trasformato *Verity K* in una barca per disabili o nani. I soffitti erano alti solo centoquaranta centimetri. A me sembrava comunque fantastico. E ancor di più lo era il fatto che fosse messo a disposizione di tutti. Mike aveva infatti un equipaggio, formato per lo più da volontari, che accompagnava i disabili in una o più giornate in mare. Si pagava un prezzo simbolico o addirittura niente. L'associazione si autososteneva chiedendo aiuti e finanziamenti a ditte private. In questo consisteva principalmente il lavoro di Mike e Irina: scrivere lettere, telefonare, muovere quel sistema di *charity* che in Inghilterra funziona tanto bene. Un'associazione che non si occupava di mera sussistenza, ma che cercava di dare delle risposte anche a esigenze ludiche e di svago, non per questo meno importanti in un percorso riabilitativo.

Era una giornata meravigliosa, lasciammo l'auto in uno dei tanti parcheggi per disabili e raggiungemmo la barca. *Verity K* era ormeggiata a Port Solent, una marina attorniata di bar, negozi, ristoranti. Il tutto collegato da bellissime rampe in legno. I gradini non esistevano: camminavamo tutti per la stessa via, entravamo tutti dalla porta principale. Mi sentivo bene, libero, autonomo. Riuscii a salire in barca praticamente da solo, cosa che fino a qualche giorno prima non avrei potuto neanche immaginare. Partimmo da Port Solent la mattina presto e superammo le chiuse. Ci allontanammo dalla costa per puntare di bolina verso l'isola di White. Cowes è un piccolo paese ignoto ai più ma conosciuto dagli amanti della vela. In quel periodo ospitava l'America's Cup Jubilee di Cowes, organizzato per celebrare i centocinquant'anni dell'America's Cup.

C'erano anche le due barche inglesi che avevano partecipato all'ultima edizione della America's Cup, due splendidi barconi che bordeggiavano con i loro trenta e passa metri di albero a tutta randa nera come il carbonio. Un bell'ormeggio, all'inglese, nel piccolo porticciolo di Cowes. Un paio d'ore a disposizione per un giro in quel grazioso paese. Stradine in salita, casette a punta, colorate, bandierine ovunque e simpatici equipaggi che tra una pinta e l'altra animavano i molti pub. Devo dire che noi non eravamo da meno e nei miei ricordi ci sono almeno un paio di pinte di Guinness.

Il viaggio di ritorno si svolse con un leggero stordimento e tanta energia. Ero tornato a fare le cose di un tempo: andare in barca a vela e andare al pub con gli amici. Mi sentivo normale. Trascorremmo la serata nella marina di Port Solent e cenammo in un ottimo ristorante indiano al secondo piano, naturalmente dotato di ascensore. La gente sembrava indifferente al mio stato, non vedevo facce sorprese o sguardi sbigottiti. Qui non ero il solo « due ruote » a muovermi, incontravo spesso altri disabili che salivano o scendevano dall'auto, compravano qualcosa in un negozio di abbigliamento, cenavano, andavano al cinema, ballavano in discoteca. Nessun pietismo.

Che bello potersi muovere, non dover chiedere: « Scusa, mi faresti fare gli scalini? »

Non dover uscire da un ristorante per andare a cercare un bagno accessibile nelle vicinanze. Che bello sentirsi normale ed essere trattato come tale.

L'indomani un'altra giornata emozionante. Andammo in campagna, non lontano dal nostro albergo, dove si svolgevano le attività terrestri dell'associazione del grande Mike. C'erano due ragazzi che stavano prendendo uno speciale patentino per il quad. Il ragazzo che guidava era cieco e il suo accompagnatore comunicava con lui attraverso un linguaggio corporeo costituito per lo più da pacche sulle spalle che significavano: « Vai dritto, svolta a sinistra, rallenta, frena ». C'erano poi delle macchinette a sei ruote, a metà strada tra un fuoristrada e un anfibio. Io e Lara ci divertimmo come matti a provarle. Percorremmo a gran velocità una serie di sperdute stradine di campagna. Ci sembrava di essere in Africa. Era possibile anche provare a volare con degli aerei ultraleggeri che potevano essere pilotati anche da un disabile.

Scopo dell'associazione era dare al disabile un bello scrollone psicologico, fargli vedere che era ancora in grado di svolgere attività anche estreme come fare gli sterrati con il quad o timonare una barca a vela. Tutto questo vale molto di più di tante parole. Quale terapia migliore di farti vivere da protagonista un'avventura emozionante? Mike si divertiva e oggi capisco la sua gioia nel dare a chiunque una possibilità di più.

In una delle tante chiacchierate con lui venimmo a sapere che un ragazzo disabile si stava costruendo un catamarano di sessanta piedi accessibile. Decisi immediatamente di tornare nei pressi di Londra per incontrare questo armatore. Con Mike non fu un addio ma un arrivederci.

Ed ecco, pronti via, avidi di nuove scoperte. Il nostro contatto, Mike Brown, anche lui disabile, era un quarantenne, amministratore delegato e socio di maggioranza di una società che si occupava di commercializzare abbigliamento per sport estremi. *No limits* è il nome dell'azienda,

Impossibile Dream quello del catamarano. « Un 60 piedi *one off* tutto in carbonio, leggero e veloce », ci spiegò Mike Brown per descrivere il suo gioiello. Da dietro la schiena estrasse un foglio, un rendering al computer: era una foto virtuale del suo futuro catamarano. La linea era particolare, aggressiva. Aveva un bordo libero molto alto e ci si poteva muovere tutto intorno con la carrozzina lungo una rampa, al 10% di pendenza. La tuga era racchiusa, non c'erano molti spazi esterni e all'interno della dinette, oltre l'ambiente sala da pranzo e cucina, si trovava una vera piazza d'armi: c'era l'albero passante e tutte le manovre rinviate all'interno. Al centro, una stazione di guida. Due cabine e un bagno per ogni scafo. Due cabine su quattro erano accessibili ma avevano il soffitto veramente basso a causa della rampa esterna. Il progettista era Nick Baley, uno piuttosto famoso, esperto di resine e autore delle cabine della mega ruota panoramica di Londra che era stata da poco inaugurata da Tony Blair. Naturalmente andammo a farci un giro, sorridendo al pensiero di essere all'interno di una cabina, a forma di grande ovetto trasparente, capace di portare fino a trenta persone per volta. Da lì si ammirava una Londra mai vista, la Londra dall'alto, quella dei tetti.

Il cantiere che avrebbe costruito il catamarano si trovava in un paesino vicino a Plymouth. E io e Lara andammo a visitarlo. Un capannone lungo il mare, all'interno del quale uno stampo in legno formava la noce del catamarano. Parlai a lungo con il proprietario del cantiere per cercare di capire se si poteva mettere in pista un *Impossibile Dream* numero 2. Lui mi prospettò tempi di costruzione e costi pazzeschi. E poi ripensavo alle parole di Mike Wood: il cantiere deve essere vicino a casa. Contattai comunque il progettista, Nick Bailey.

Ripartimmo per l'Italia pieni di idee e di entusiasmo. E con uno scopo: costruire un catamarano.

Durante le prime settimane di agosto avevamo programmato di unirci a Davide, Monica, Roberto e Roberta, tutti conosciuti ad Abano. Destinazione: Vetan, un altopiano sopra Aosta. Percorri tutta l'autostrada, esci ad Aosta e ti inerpichi su una strada senza uscita. Alla fine della strada trovi l'unico albergo di Vetan: una costruzione in pietra molto simile a tutte le altre abitazioni che lo circondano e formano questo grazioso micropaese. L'atmosfera era irreale. Nonostante fosse ferragosto eravamo fuori dal mondo, a 1800 metri di altezza. In quell'albergo Davide e Monica vivevano per gran parte dell'anno e lì la « fatina » Monica organizzava corsi e seminari.

Arrivammo con la macchina scoperta, l'aria era tersa. I nostri amici ci accolsero presentandoci i proprietari dell'albergo. Una famiglia meravigliosa. Il padre costruiva tutto da solo: dalle porte alle serrature in legno. La mamma stava in cucina. I figli si occupavano della gestione. Il cane Sugar, un samoiedo bianco come il mio (che si chiamava Asterix), faceva la guardia. La camera era spaziosa, fresca, trasmetteva energia positiva. La « fatina » e Roberta mi regalavano i loro trattamenti. Davide, Monica e Alessandro erano dervisci. Appartenevano a un gruppo religioso di Cipro. Le loro usanze mi facevano a volte un po' sorridere, come il fatto di pregare cinque volte al giorno. Ma non erano per nulla invasivi. Le mie risatine dopo un po' persero di senso e tutto cominciò a sembrami normale. Non provavo più quei sentimenti anticlericali che avevano caratterizzato la mia giovinezza. L'assolutismo della ragione aveva già avuto i suoi duri attacchi ad Abano. Persisteva solo una certa allergia alle regole. Ciò che mi lasciava sempre un po' perplesso erano i rituali di comportamento che spesso gli uomini si danno. Li ho sempre considerati frutto del bigottismo. Evidentemente la sovrana ragione era stata attaccata ma non ancora sconfitta.

Accettammo un loro invito anche per dicembre. Io e Lara avremmo partecipato a un seminario di dervisci con il loro maestro Buranudin.

A Vetan si stava proprio bene. Dietro l'albergo cominciava un sentiero che portava a 2700 metri. Con le loro Panda 4×4 si arrivava solo fino a un certo punto; poi bisognava proseguire a piedi. Una sera Manuel, il figlio dei proprietari, e suo fratello ci congedarono così: «Domani mattina ci vediamo qui alle sette, mi raccomando non tardate». Di notte, di nascosto smontarono un sedile di un'auto e vi saldarono dei tubi di ferro creando così una portantina. La mattina successiva, la sorpresa. La banda aveva caricato sul tetto quello stranissimo sedile. Capii subito. Salimmo per il sentiero con la Panda. Poi mi caricarono sulla portantina e via a turno, un po' per uno. Poveracci, che fatica. Roberto si diede da fare come un matto e sputò fuori i due pacchetti di Camel del giorno prima. Io sul trono davo ordini e scandivo il passo. Con un ramoscello mimavo delle sonore frustate. Alla faccia di Roberto mi fumai anche una cicca. Mi portarono in vetta e mi posarono sopra un masso. A 360 gradi si vedevano il Cervino, il Rosa, il Bianco, Courmayeur. Mai passeggiata fu più bella.

Rientrammo a Thiene. Obiettivo: costruzione del catamarano. Era agosto, i miei erano ancora in vacanza, ma al telefono avevo già trasmesso loro tutto il mio entusiasmo. Raccolsi idee e informazioni e le trascrissi a computer. Sviluppai le foto e le assemblai in un album-racconto su quanto avevo visto in Inghilterra e sulle possibilità che c'erano in Italia. Insieme a mio zio Alberto, presi appuntamento da

Serigi di Aquileia, forse il più bel cantiere italiano di barche a vela, i famosi Solaris, i cosiddetti Swan italiani. Con Nick Bailey dialogavamo via e-mail e lui si era detto interessato a progettare un catamarano molto simile a quello di Mike Brown, che poteva benissimo essere costruito in Italia. Quelli di Serigi erano pronti a realizzarlo. Per loro sarebbe stato il primo. Ma poi venne la doccia fredda: il preventivo era fuori dal mio budget e investire una simile cifra in un progetto *one off* così sperimentale non era totalmente sensato. Perciò l'idea venne accantonata.

Tornato dall'Inghilterra avevo conosciuto Francesco Miotto. Era il direttore di Tecnothon, il laboratorio scientifico della Fondazione Telethon. Prima Francesco era tecnico collaudatore alla Laverda motociclette. La distrofia muscolare lo aveva allontanato dal mondo delle moto ma non da quello dell'ingegno. Aveva dato vita a Tecnothon, un gruppo di quattro ingegneri e quattro tecnici, creativi e simpatici, che progettavano ausili per persone disabili che permettessero di aumentare la mobilità e quindi l'autonomia. Carattere deciso, difendeva l'uguaglianza e il diritto a muoversi. Non era a favore di una progettazione settoriale per «poveri» disabili, bensì universale, che consegnasse i luoghi, le città alla mamma con il passeggino, al signore anziano, al bambino vivace, all'atleta. «Quante volte di fronte a una rampa e a tre gradini la gente prende la rampa», mi diceva. Nella sua monovolume Francesco aveva sviluppato un originale sistema di guida tipo Playstation. Non era ancora brevettato né tantomeno omologato, ma funzionava davvero bene. Tanto bene da poter essere adattato in un futuro su tutte le auto. C'è un progetto della Fiat per un'auto che si guiderà proprio con un comando elettrico, non più vincolato alla meccanica di un piantone dello sterzo. Il prototipo si chiamerà Filo.

Non è poi così strano che alcune invenzioni nate per soddisfare bisogni specifici diventino oggetti di largo consumo.

Il telecomando della televisione, gli SMS dei telefonini, il sistema di pagamento elettronico POS, la vasca idromassaggio Jacuzzi hanno avuto come forte impulso nella loro ideazione l'esigenza di risolvere delle problematiche di alcune tipologie di disabilità.

Pensiamo al telecomando. Quando vennero immessi sul mercato i primi apparecchi televisivi, il telecomando non era indispensabile: all'epoca i canali disponibili erano soltanto due e le regolazioni da fare erano assai limitate. L'inventore del telecomando non aveva certo creduto di risolvere il problema dello zapping, bensì aveva pensato a un oggetto che rendesse possibile cambiare canale a chi, per una qualsiasi infermità motoria, non poteva alzarsi dalla poltrona. Un'invenzione nata per venire incontro alle esigenze di pochi è diventata di uso comune.

Per chi non può muovere né gambe né mani, la domotica è fondamentale, cambia totalmente la sua qualità di vita, la sua autonomia: con la voce può accendere o spegnere la luce, aprire o chiudere una porta, alzare o abbassare una tapparella. Fra non molti anni le case di tutti noi saranno probabilmente completamente automatizzate e ci abitueremo alla comodità di entrare in casa con le mani occupate a tenere le borse della spesa e ad accendere la luce dicendo semplicemente: « Luce ». Diventerà una prassi, un bisogno reale e comune a tutti. E l'azienda che avrà avuto l'intuizione per prima e avrà sviluppato questa tecnologia si troverà avvantaggiata.

La vasca idromassaggio è stata inventata da Jacuzzi per risolvere un problema di artrosi giovanile di uno dei suoi figli. Oggi è un oggetto cult, di gran moda e gran comodità.

Anche gli SMS dei telefonini hanno delle origini particolari. L'esigenza sociale di permettere anche a una persona sordomuta di comunicare con gli altri ha fatto nascere la possibilità di inviare un messaggio scritto. Oggi il numero dei messaggi supera quello delle chiamate.

Per risolvere il problema del pagamento elettronico delle persone ipovedenti è stato indetto un concorso di idee. È nato così il POS, una macchina installata nei negozi in cui si inserisce la propria carta di credito o Bancomat, si digita il codice, si digita l'importo e dando l'ok si dà il via libera all'addebito sul proprio conto corrente. Tutti i tasti sono in braille. Una persona ipovedente può compiere queste operazioni in autonomia, con la certezza di non essere imbrogliato. Ma non è forse uno strumento che utilizziamo molto spesso anche tutti noi che ci vediamo benissimo?

Credo che studiare come possano essere trovate alcune soluzioni non sia solo un compito giusto e doveroso per progettisti, ingegneri, architetti, inventori, che permette a chiunque di conquistare il maggior grado possibile di autonomia, ma sia anche un'opportunità per inventare qualcosa di rivoluzionario che diventi prodotto di grande consumo perché più comodo per tutti.

Francesco amava viaggiare in barca. Aveva provato con i 2.4 ma li trovava inadatti, difficili e scomodi. Perciò aveva ideato il «gommorano», un catamarano pneumatico di tre metri completamente smontabile, impacchettabile e trasportabile ovunque. Al centro, tra due scafi gonfiabili, era alloggiata una *chaise longue* con tessuto traspirante: un lusso. Estremamente comodo ma anche veloce.

Gli parlai del mio progetto di catamarano e di ciò che avevo visto in Inghilterra. L'idea di un catamarano accessibile gli piacque molto. Fu Francesco a conoscere Enrico

Contreas e a presentarmelo. È il proprietario di Mattia e Cecco, un cantiere sul lago di Como, a Dervio, vicino a Lecco. Un piccolo cantiere che da trent'anni fa solo catamarani, quasi tutti Formula 16 e Formula 18; dei catamarani da spiaggia molto veloci e performanti. Ha costruito anche catamarani da crociera di diverse dimensioni. Al momento aveva in catalogo un 56 piedi, con la possibilità di produrne non più di due all'anno. Era quindi in grado di seguire un progetto particolare come il nostro, che voleva dire lavorare su una struttura standard, per ragioni di costi, vale a dire uno stampo femmina, ottenendone però un prodotto su misura. Cominciammo a parlarne per vedere se riuscivamo a trovare un accordo.

Dervio era a sole tre ore da casa, quindi sarei riuscito a seguire il consiglio di Mike Wood. Quando si parte per un lavoro di questo tipo non solo non si sa quando si inizia e quando si finisce, ma soprattutto non si conoscono i dettagli. Il progetto si sviluppa giorno per giorno, non può essere completamente pianificato fin dall'inizio. Le nostre linee guida erano chiare: volevamo un catamarano di diciassette metri in cui una persona in sedia a rotelle potesse muoversi in completa autonomia. Ma lo volevamo anche bello esteticamente, sicuro e, perché no, veloce. La ricerca sul risparmio nei pesi, tipica dei regatanti e degli armatori di barche da regata performanti, non è stata al centro dei nostri pensieri. Ma durante la progettazione il dibattito e la diversità di opinioni erano all'ordine del giorno. Soprattutto tra i due ingegneri: Enrico Contreas e mio padre, che aveva trovato in questa avventura un modo originale di affrontare e superare il mio incidente.

Partimmo con tanto entusiasmo. Solo un mese dopo il mio ritorno dall'Inghilterra stavamo firmando i contratti, depositando l'anticipo e vedendo la resina cadere negli stampi. Era cominciata la prima fase, lo stampo degli scafi. Questa lavorazione veniva fatta a Capriate, vicino a Bergamo, da uno stampatore esperto. Nel capannone provammo anche a salire su quell'enorme stampo e a guardare da sopra. Che emozione!

La lavorazione a Capriate durò quasi tre mesi durante i quali venne stampata anche parte della coperta. Nel frattempo si svolgevano riunioni su riunioni per decidere soluzioni, proposte, modifiche. Dovevamo capire come organizzare gli spazi, come rivoluzionare la coperta per creare passaggi di almeno settantacinque centimetri che consentissero a qualsiasi sedia a rotelle di poter entrare. L'amicizia e il confronto con Francesco mi aiutavano a valutare un diverso punto di vista, a confrontare la mia mobilità con la sua e a trovare la soluzione per entrambe. Le idee e le proposte venivano visualizzate da Mosele e Castello, due collaboratori della Estel, che accanto ai mobili per ufficio realizzavano decine di rendering del catamarano. Mio padre passava giornate intere nei loro studi a dettare modifiche da sviluppare per poi mostrarle a mezzo mondo che lo ascoltava attonito.

Avevamo deciso di collegare i due scafi con una piattaforma mobile che doveva servire sia per favorire l'entrata da poppa sia per allargare il pozzetto sia infine per consentire la discesa in acqua anche con le bombole. Non cercavamo solo la funzionalità ma anche il design. Anzi le migliaia di varianti riguardavano particolari estetici; un profilo più sottile o più massiccio era oggetto di approfonditi dibattiti.

Nel frattempo a Dervio, in cantiere, veniva tracciata la disposizione della coperta e con la sedia a rotelle provavo le varie soluzioni. Lo scotch per terra delimitava pareti e porte e non era facile trovare i giusti compromessi. Si ragionava di spazi comunque ristretti.

Ci trovavamo di fronte a domande continue, scelte continue. E a consigli dati da chiunque, vista la grande abilità di mio padre di chiedere a tutti opinioni, che a volte mettevano in discussione decisioni già prese. Quante litigate con lui per questo suo modo di agire svincolato da qualsiasi protocollo. Scontri duri che a ripensarci mi fanno arrossire e vergognare.

Il terzo aspetto della costruzione riguardava la realizzazione degli ascensori che dovevano portare negli scafi, di una rampa elettrica che collegasse la zona esterna più alta rispetto alla dinette interna, della piattaforma posteriore per scendere in acqua e di altri complicati meccanismi di cui per fortuna, in corso d'opera si è persa traccia. Ci attivammo con le aziende che costruiscono gru e passerelle elettriche per barche. Besenzoni, il numero uno in questo campo, ci aveva detto chiaramente che non era in grado di creare dei meccanismi che esulassero dalla sua normale produzione di serie, e i discorsi avviati con il suo concorrente, Opacmare, non sembravano avere molto successo.

Lara e io partimmo per il Salone Nautico di Genova dove avremmo visto l'ultimo dei catamarani prodotto da Contreas, della stessa grandezza di quello che avremmo realizzato, ma ovviamente non accessibile. Mentre uscivamo da un autogrill ci fermò un tipo. Lo avevamo conosciuto dieci giorni prima a Düsseldorf, dove eravamo stati a visitare la più grande fiera di ausili per disabili d'Europa. Si chiamava Giovanni Parise, non mi ricordavo di lui, mentre per lui era stato più facile riconoscerci vista la bellezza di Lara e la mia carrozzina, due garanzie per non passare inosservato. « Dove vai? Dove andate? Ma se lo sapevo che volevi comprare una barca ti avrei dato il mio gozzo di sei metri. » Gli mostrai un rendering con l'oggetto che stavamo realizzando e capì immediatamente la portata del progetto. Gli spiegai le mie difficoltà e la necessità di trovare un costruttore di ascensori e lui mi disse che ci avrebbe pensato lui a risolvere il problema. Era il suo lavoro. Stava andando al Salone a trovare proprio Francesco Miotto, suo cliente, che esponeva il gommorano. Lo seguimmo lungo il serpentone della Genova-Serravalle mentre guidava come un pazzo una vecchia Peugeot elaborata.

Ci accompagnò a vedere l'ultimo catamarano di Contreas. I due si conobbero e Parise promise che nel giro di una settimana sarebbe andato in cantiere per prendere due misure della barca in costruzione e per poterci fare un preventivo. Francesco me lo descrisse come una bravissima persona e un bravissimo tecnico. In effetti lo era. Il preventivo (che sarebbe stato poi naturalmente stravolto) fu veloce, mentre le chiacchierate con lui diventarono sempre più lunghe e impegnative. Passava ore e ore a descrivere il suo lavoro, la sua tecnologia che faceva invidia all'aeronautica. Per ogni problema c'era secondo lui una soluzione.

A dicembre, in occasione di una festa della Estel, avevo conosciuto Adriano Aureli. Grande appassionato di barche, armatore di un bellissimo Sciarelli di sedici metri, mi diceva che era amico di Norberto Ferretti, proprietario dei cantieri Ferretti, e che voleva presentarmelo. Detto fatto. Dopo pochi giorni eravamo a Fano intorno a un tavolo io, mio padre, Aureli e Ferretti. Oltre che un abile uomo d'affari, Ferretti si rivelò un grande tecnico, conoscitore dell'ingegneria dell'imbarcazione. Dopo averci dato molti consigli, ci fissò una riunione con i due Besenzoni, padre e figlio, Contreas, Parise e altri tecnici per vedere se stavamo andando nella giusta direzione. Era dicembre del 2001.

Ci ritrovammo a Sarnico, nei cantieri Riva, storico marchio della nautica italiana, azienda che ora fa parte del gruppo Ferretti. Fu una riunione importante che ci dimostrò che stavamo lavorando bene. I Besenzoni considerarono geniali le idee di Parise. Ed effettivamente lo erano. I disegni erano fantastici. I due ascensori che portavano nelle due cabine accessibili sarebbero risultati integrati con il pavimento e avrebbero lasciato spazio anche per la scala. Per la felicità di Contreas non sarebbero pesati molto. Solidissimi, erano in grado di trasportare qualsiasi persona con qualsiasi sedia a rotelle, anche quella elettronica di un obeso americano. Il tutto veniva progettato su misura, con uno speciale macchinario che lavorava lamiere di primissima qualità, a lungo decantate da Parise. Era un vero amante del proprio lavoro, anche se ci sfiniva con i suoi discorsi non solo perché era un venditore nato ma anche perché credeva veramente in quello che faceva e amava trasmettere agli altri le proprie emozioni. Dopo un po' però diventava difficile comprenderlo.

In quel periodo si consolidò l'amicizia fra me e Omar, che avevo conosciuto all'ospedale di Vicenza durante la riabilitazione. L'incidente sembrava aver troncato il suo sogno di fare il cuoco ma Omar non si era perso d'animo e aveva cambiato lavoro: dalla cucina all'informatica, da una pentola alla tastiera. Lavorava con impegno, ma in cuor suo sapeva che non era la sua strada.

Fin dall'inizio è stato da me coinvolto nel progetto della barca: l'ha vista nascere. Un giorno venne con me, suo fratello e il mio a Dervio, in cantiere. « Ma riuscirete a tirarla fuori da lì? », chiese a Contreas indicando l'apertura del portone scorrevole del capannone. Era rimasto impressionato dalle dimensioni. I ragazzi del cantiere ci avevano aiutato, come facevano sempre con me, a salire a bordo. E da quel punto di osservazione, Omar cercava di ritrovare lo schema che si era fatto nella sua mente. Tante volte gli avevo mostrato le piante e i rendering della barca. In quell'occasione verificammo insieme la disposizione dei bagni, dei piani d'appoggio, dei sanitari.

Io e Lara avevamo deciso di rispettare l'impegno preso ad agosto con i nostri amici dervisci e di raggiungerli a Vetan per partecipare al seminario.

Ci mettemmo in viaggio subito dopo la riunione ai cantieri Riva. Quel pomeriggio a Sarnico cominciò a scendere una neve fitta fitta. Sull'autostrada, completamente sgombra, c'era un'atmosfera irreale. Avanzavamo a venti all'ora. Ci sembrava di essere in un rally finlandese. Alla radio si sentivano notizie allarmanti. Milano, Roma, Venezia erano tutte sotto la neve. La gente era bloccata in auto da ore. Code interminabili. Mezzi sgombraneve che non funzionavano.

Chiamai Omar. Era uscito dal lavoro cinque ore prima e non era ancora arrivato a casa. Non aveva fatto più di tre chilometri in auto. Ad Aosta smise di nevicare. Arrivammo a Vetan notte fonda.

L'indomani, quando ci alzammo, i dervisci erano già svegli da un bel po' e mangiavano cose strane per colazione: germogli, gallette di riso, tisane profumate.

Il maestro Buranudin diede inizio al seminario. Era un ragazzo tedesco con una lunghissima barba e indossava un caffetano. Si presentò velocemente, ci fece disporre in cerchio e cominciò a interrogarci. Non si accontentava di risposte superficiali, cercava di penetrare nella vita delle persone in profondità. A pelle non mi piaceva. Quando arrivò il mio turno mi chiese con tono aggressivo perché fumavo ancora nelle mie condizioni. Mi prese un tremendo attacco di stomaco e la voglia di andarmene. Lo odiavo. O forse odiavo le regole, soprattutto se imposte. Le regole erano e sono ancora per me un problema. Non le sopportavo. Solo molto tempo dopo avrei cominciato a scoprire l'importanza di una disciplina in tutti i settori della propria vita.

Per fortuna riuscii a trattenermi e non abbandonai il seminario. Trovai la forza di continuare e di apprendere molte cose. Era un corso molto attivo in cui si facevano diversi esercizi, da soli, in coppia, in gruppo. Ricordo l'esercizio della morte. Sei disteso, devi lasciarti andare, rilassare il tuo corpo, rallentare il respiro fino a quasi fermarlo, rendere il battito cardiaco il più lento possibile. La respirazione è fondamentale. Ti rendi conto di quanto poco ascolti il tuo respiro, di quante potenzialità ti offre se solo ti concentri. Molta pratica e una teoria semplice impostata su principi chiari e precisi.

Il modo di vivere di questi dervisci è basato su una disciplina che ha come obiettivo il rispetto del proprio corpo, la capacità di estraniarsi da tutto ciò che il mondo porta di negativo, vale a dire dalla società consumistica, e di rimanere in contatto con la propria essenza.

Il cammino che stavo facendo mi aiutava a comprendere queste idee, addirittura a farle mie. Ma riuscivo a metterle in pratica solo quando ero immerso in un gruppo come quello. Poi, ritornato nella «civiltà», ricadevo vittima dei suoi costumi. Ripiombavo negli egoismi, nelle ambizioni lavorative, nel conformismo che volenti o nolenti ci appartiene.

Anche quella volta sull'onda dell'entusiasmo promisi a me stesso che avrei cambiato radicalmente il mio stile di vita, cosa che naturalmente una volta tornato a casa non accadde. Ma fu comunque un altro colpo assestato alla ragione, che ormai non stava più in piedi da sola, e un altro passo verso un nuovo mondo.

4

IN VIAGGIO

Qualche mese prima io e Lara avevamo conosciuto Mariangela, una ragazza di Vicenza. Aveva avuto un incidente gravissimo e secondo i neurologi di tre ospedali diversi sarebbe dovuta rimanere paralizzata. Invece era scappata dall'ospedale contro il parere dei medici, ed era stata curata con pieno successo da un giapponese di nome Saburo che viveva in Brasile e ogni anno veniva in Italia tre mesi a lavorare. Agopuntura. Ma erano ormai due anni che Saburo non si muoveva più, aveva passato i settanta e inoltre doveva accudire l'anziana madre.

Sono sempre stato scettico di fronte alla possibilità di un mio recupero. Ma il Brasile era un gran bel posto e l'agopuntura non poteva che farmi bene, fosse stato solo per ridurre il dolore.

Tornati a Vetan decidemmo di partire. Era quasi Natale. Volevamo passare in Brasile alcune settimane. Era il primo viaggio lungo dopo l'incidente.

Uno dei maggiori problemi sugli aerei è che non sai mai se troverai un bagno in cui con stranissime acrobazie riuscirai a cacciarti dentro. Le file dei sedili sono molto vicine tra loro, il corridoio è stretto. Non ci si passa con una sedia normale. A bordo hanno una sedia speciale, molto piccola. Poi davanti al bagno dipende da te. Andò tutto bene.

Arrivammo a Brasilia un sabato, a mezzogiorno. L'hotel era in pieno centro. Dopo aver sistemato i bagagli e verificato che la stanza riservata fosse veramente accessibile chiamammo Saburo. Ci diede appuntamento per l'indomani mattina a casa sua. Andammo fuori a farci un giro. Proprio di fronte all'albergo c'era una churrascheria. Centinaia di persone ai tavoli. Tantissimi camerieri che portavano spiedi di carne e ognuno si serviva di quello che voleva. Entusiasti, ordinammo subito una *caipirinha* e ci unimmo a quello strano gioco. Primo miracolo brasiliano: la carne era buonissima. Tutti bevevano birra ghiacciata. Ci adeguammo. Andammo a dormire felici e stravolti.

L'indomani arrivammo a casa di Saburo dopo venti minuti di taxi. Il giapponese ci venne incontro. Un metro e sessanta, forse meno, settantacinque anni, occhiali da vista, occhi a fessura. Viveva in Brasile da quando aveva undici anni, non era più tornato in Giappone. Troppo caro per lui. « Mariangela matta, Mariangela matta », continuava a ripetere e così cominciò il primo trattamento.

Se trovo chi ha detto che l'agopuntura non fa male lo strozzo. Saburo pratica l'agopuntura giapponese. Un centinaio di aghi prima davanti poi dietro lungo tutto il corpo, un dolore bestia. « Bene, bene », diceva il maestro. « Il corpo reagisce. Il dolore c'è perché il corpo ha dei problemi. Se non li avesse non sentiresti dolore. » Finito l'incubo aghi iniziava una tortura forse ancor peggiore. Poneva della polvere di artemisia in vari punti del corpo e le dava fuoco. Non ho mai avuto il fuoco di San Antonio ma immagino che l'intensità del dolore sia la stessa. Il trattamento durava quasi tre ore. Alla fine ne uscivamo entrambi provati. Mi avrebbe trattato due volte a settimana, di più non serviva. Di più non avrei resistito. Mi disse che sarei dovuto rimanere in Brasile per almeno tre mesi. « Va bene », gli risposi. « Ci organizziamo ».

A pranzo, a casa di Saburo ci fu una festa con una trentina di persone. I figli di Saburo e le loro famiglie si davano un gran da fare intorno alla *churraskera*, il focolare dove si cucina la carne. Un enorme freezer era pieno solo di birra gelata. Abbiamo fatto amicizia in particolare con Carlos, il primogenito del maestro, che aveva una cinquantina d'anni e faceva l'ingegnere.

Cambiammo hotel, ci trasferimmo sul grande lago artificiale della città. Brasilia è una città nata sulla carta. Negli anni Cinquanta il presidente del Brasile decise di costruire la capitale proprio in mezzo al Paese, perché doveva essere rappresentativa ed equidistante anche geograficamente da tutte le altre. A tavolino si fece un segno sulle mappe. Per la prima volta nella storia, la costruzione di una città venne affidata a un unico architetto, Oscar Niemeyer, e a un solo urbanista, Lucio Costa. All'inizio non c'era nulla, se non un grande altipiano. Vennero edificati immensi agglomerati per ospitare i lavoratori. Oggi questi sono diventati le undici città satelliti di Brasilia. Taguatinga, dove vive Saburo, è una di queste. Brasilia è la sede del governo. È la meno brasiliana di tutte le città brasiliane. Durante il periodo natalizio si svuota. I prezzi calano. Ci concedemmo il più bell'albergo di Brasilia, sul lago artificiale, di fianco alla residenza del Presidente. Un albergo spaziale, tutto rosso metallizzato. Stanze grandi, arredamenti molto *hi-tech*. Il giorno di Natale io e Lara festeggiammo con un club sandwich, sdraiati sul bordo dell'enorme piscina. Un sole stupendo solo per noi. Eravamo gli unici ospiti.

Alla sera andammo a casa di Zarico, l'amico di Carlos. Una bellissima casa al di là del lago. E anche lì ci concedemmo una gran mangiata. Per i brasiliani il momento del pranzo o della cena è fondamentale perché rappresenta un modo per stare insieme.

Approfittammo delle vacanze di Natale per fare un giro. Salvador de Bahia, Rio, Iguazú. Dieci giorni in tutto. Avevamo prenotato gli alberghi, per timore dell'assalto dei turisti e per paura di non trovare delle camere adatte alla sedia a rotelle. In realtà l'accessibilità brasiliana ci ha stupito con le sue soluzioni semplici ma efficaci. Per esempio, gli attraversamenti pedonali sopraelevati, molto diffusi, prevedevano sempre una rampa e solo raramente le scale. Il motivo è dovuto al fatto che l'asinello con il carretto è ancora in uso.

Non c'erano altri turisti italiani. Il ricordo di quel tragico 11 settembre appena passato era ancora vivo e la paura di viaggiare in aereo e di possibili nuovi attentati aveva scoraggiato molti e li aveva allontanati da queste mete, facendo preferire un tranquillo soggiorno in montagna vicino a casa.

Abbiamo visitato dei posti magnifici, pieni di gente calda e sempre sorridente. Le baie e montagne di Rio de Janeiro viste dal monte Corcovado, il fragoroso rumore dell'acqua delle cascate di Iguazú che si trovano all'incrocio di tre stati, Brasile, Argentina, Paraguay, le casette colorate del Pelourinho descritto da Jorge Amado. E proprio « nell'anima del Brasile », a Salvador de Bahia, abbiamo trascorso il Capodanno e partecipato ai riti, purtroppo solo a quelli per turisti, di questo popolo: il *candomblé* e la *capoeira*.

Una tradizione che risale al tempo in cui gli schiavi neri, non potendo adorare pubblicamente le divinità della propria religione panteista *candomblé*, dettero vita a un'originale fusione e continuarono a venerarle trasferendole nei simboli della religione cattolica: dietro l'immagine della Madonna e di Sant'Antonio, ad esempio, si celavano gli dei africani Iemanja e Oxunmarè. Un'altra espressione di quel periodo è la *capoeira*, una tecnica di combattimento che gli schiavi neri avevano camuffato in spettacolare danza marziale per superare il divieto alla lotta imposto dai loro padroni.

Oggi questi riti sono motivo di attrazione per i turisti e ci sono locali organizzati per offrire ogni sera uno spettacolo di *candomblé* e *capoeira*. Gruppi di professionisti che girano il mondo portando queste antiche tradizioni, ballerini dagli addominali scolpiti che roteano e affrontano l'avversario in una lotta affascinante.

Al ritorno, sbarcammo in aeroporto a Brasilia con gli occhi pieni di ricordi e di emozioni. Prendemmo un taxi per andare in hotel. L'indomani il tassista si presentò in albergo con la mia carta di credito. L'avevo persa nella sua auto. Vasco, così si chiamava, da quel momento in poi sarebbe diventato il nostro tassista ufficiale. Di affittare un'auto non se ne era neanche parlato.

Vasco era personaggio bizzarro. Sposatosi quattro volte, aveva una *fazenda* dove coltivava qualsiasi tipo di frutto. E poi era un tassista-imprenditore. Aveva infatti quattro auto di proprietà e altrettante licenze. Noleggiava tutto ad altri colleghi. Quindi, se non c'era lui, arrivava un suo uomo fidato.

Fu proprio Antonio, uno dei suoi, che ci propose un weekend ad Alto Paraiso, una cittadina sull'altopiano a quattro ore di macchina. Lui aveva lì la famiglia. Stava costruendo una *posada*, una piccola pensione familiare. Per noi era l'ideale visto che potevamo muoverci solo per pochi giorni tra una seduta e l'altra di agopuntura.

Avevamo combinato un prezzo stracciato al limite del vergognoso, cento dollari tutto compreso: trasporto, mangiare e dormire per tre giorni. « Mi raccomando che sia accessibile la tua *posada*! »

Un altopiano dai tanti colori collega la metropoli con Alto Paraiso. L'arrivo non fu dei più entusiasmanti. Il paese non sembrava granché, la *posada* di Antonio era accessibile dato che mancava tutto: porte, pavimenti, perfino il tetto.

Rimediammo con un simpatico albergo a forma di castello di Gardaland. Ce lo saremmo pagato noi, va be', pazienza.

E poi come per magia iniziammo a sentirci bene. Respiravamo aria ed energia positive, ci facevamo fare massaggi rilassanti. Alto Paraiso è un posto magico. C'è la più grossa concentrazione al mondo di cristalli, ci sono quaranta cascate visitabili, molti hippy e comunità spirituali. È possibile fare incontri molto interessanti.

Il Brasile mi ha stupito molto per la bellezza delle donne (Lara direbbe anche degli uomini), per la qualità e genuinità del cibo ma anche per il forte senso di spiritualità. E proprio per questo ad Alto Paraiso ci tornammo altre due volte. Una di queste, per frequentare un corso di geometria *sagrada* in una *posada* di nome « Renascer en la Luz ».

Io e Lara passammo cinque ore con dieci sconosciuti in una specie di cappella pagana, una stanza rotonda tutta dipinta. Nessuno parlava ma non sentivo nessun imbarazzo. Non mi era mai successo di riuscire a « frequentare » un gruppo di persone nuove in silenzio. In effetti quando ci si trova a proprio agio con un'altra persona anche senza parole, vuol dire che si sta bene insieme. Perché in genere il silenzio, le pause portano con sé un disagio. Ad Alto Paraiso succedeva anche questo.

Il corso consisteva in un percorso all'interno della geometria *sagrada*, quella « scienza » che ritiene che dentro le forme e i simboli geometrici ci siano dei messaggi nascosti che possono essere svelati a chi si dedica a studiarli. Tutto in natura si manifesta attraverso delle strutture geometriche, che non sono fisse ma si muovono come in un fluido, passando da una forma all'altra con la propria velocità e frequenza. Le nostre cellule, i nostri pensieri, le nostre emozioni si manifestano e sono create secondo queste composizioni di elementi geometrici, chiamati solidi platonici: il cubo, il tetraedro, l'icosaedro, l'octaedro, il dodecaedro. La sfera è la forma più potente e nasce dalla combinazione dei solidi platonici. Il cubo rappresenta la verità. Le sue facce ne rappresentano i diversi aspetti, e noi osservandolo da vicino siamo tentati di vederne solo uno o due lati. Più ci allontaniamo, più vediamo altre facce che corrispondono alle varie visioni che si può avere di uno stesso problema. Questo esercizio, se trasferito alla vita, è molto utile: ti consente di vedere varie sfaccettature, di poter capire il punto di vista dell'altro, di poter prendere delle decisioni più sagge, di dire: « Ecco le diverse facce del problema ». Il fine di questi corsi è quello di portarti a un livello di consapevolezza maggiore, ma anche di darti degli strumenti pratici per affrontare con più serenità, impegno e successo la vita di tutti i giorni.

Le spiegazioni teoriche erano seguite da numerosi esercizi pratici. A coppie, in gruppo, da soli, attraverso il controllo della respirazione e guidati dalla voce dell'insegnante potevamo accedere a livelli di coscienza superiori. Immaginavo la meditazione come un'esperienza noiosa e monotona. Credo non ci sia nulla di più errato. La meditazione è uno stato in cui attraverso la pratica di alcuni esercizi ti elevi verso la comprensione, sviluppi una forma particolare d'intuito. Per me ha significato molto. Non sono un guru, ed è difficile spiegare con le parole le sensazioni che provavo. Tutto è iniziato con il dolore che sentivo dopo l'incidente. Grazie a quello, mi sono avvicinato alla medicina alternativa, se così si può definire, e non solo ho trovato una cura ai miei mali fisici ma ho potuto iniziare un percorso spirituale che mi ha condotto a rivedere totalmente il mio pensiero esistenziale.

Sonia, il professor Liu, la terapia craniosacrale ad Abano

Terme, i dervisci e i loro seminari a Vetan, il maestro Saburo, la meditazione, Giorgio e i trattamenti shiatsu che avevo cominciato a fare consigliato da Pado, il medico di famiglia sono tutte esperienze legate da un filo comune, da un messaggio chiaro, di una semplicità disarmante: il nostro compito di vita dovrebbe essere pensare e agire positivamente con tutto l'amore possibile. La conoscenza è alla portata di tutti, ma bisogna essere attivi e ricettivi. Alcuni hanno la capacità di scoprire le loro verità senza grossi traumi e senza muoversi dal proprio paese. Io invece ho dovuto imparare stando lontano da casa mia, seguendo un percorso individuale che mi ha portato a provare esperienze diverse.

I trattamenti proseguivano. Saburo mi incitava a esercitarmi, secondo lui potevo recuperare molto di più. « Ci vuole fede, coraggio e impegno », mi diceva. Non era facile.

Di pari passo cresceva l'amicizia con Carlos, sua moglie Iuri e tutta la loro famiglia. Presentavano tutti tratti fisionomici giapponesi anche se non erano mai stati in Giappone. A Brasilia la comunità dei giapponesi è molto forte. Mangiavamo spessissimo sushi e sashimi, che io e Lara adoravamo. Iuri insegnò a Lara l'arte della cucina giapponese, facile solo all'apparenza. E i segreti della *tempura* perfetta, del *sukyaki*, del pollo *teriyaki* o *yakitori*.

Andavamo spessissimo a casa loro. Un piccolo appartamento sempre pieno di gente. I brasiliani ti danno tutto quello che possono. Soprattutto durante i matrimoni. Nell'invito si dice che si possono portare anche quattro amici. Al matrimonio di Carlos c'erano ottocento persone, quattro quarti di vacca, birra per tutti. Avevano costruito un'enorme griglia lunga trenta metri, dove molti volontari cucinavano il *churrasco*. L'importante era stare insieme divertirsi, condividere. E quando sento la gente che dice: « Poveretti i brasiliani non gli resta che il calcio », mi viene sempre tanto da ridere.

A Carnevale venne a trovarci mio padre. Andammo insieme a Natal, nel nord-est del Brasile, invasa dagli italiani, dato che l'effetto 11 settembre per fortuna era passato. Una cittadina fondata il 25 dicembre 1599 con le case che si affacciano direttamente sull'arenile bianco, proprio sotto il Morro di Careca, un'enorme duna mobile che fa parte del grande parco naturale che si spinge a nord verso le dune di Jenipapu, meta di tante escursioni. Con due *dune buggy* guidate dai locali ci lasciammo alle spalle Natal, percorremmo la costa correndo sul bagnasciuga di un litorale che sembrava non finire mai, e attraversammo un lago dolce su un'improbabile zattera su cui ci sta una sola macchina, spinta da un omino a colpi di pagaia. In volo raggiungemmo poi l'isola di Fernando de Noroña. L'arrivo dall'alto fu uno spettacolo: acqua azzurrissima e tanti isolotti verdeggianti a trecento chilometri dalla costa. All'interno solo *posadas*, niente hotel, e *dune buggy* come uniche macchine.

Il nostro autista mi guardò e la prima cosa che mi disse fu: « Paraplegico? »

Lo fissai stupito, non utilizzava un termine comune e lui di certo non era un medico. Mi rivelò che anche suo fratello era in carrozzina a causa di un incidente in moto avvenuto diciotto anni prima proprio sulla strada che stavamo percorrendo. Era pratico di sedie a rotelle. Quando ci fermavamo con l'auto e dovevamo proseguire per sentieri, lui mi guidava la carrozzina con grande padronanza. Lara, cosa rarissima, lo lasciava fare perché nutriva fiducia nelle sue capacità. Per spingere una sedia a rotelle quando il disabile è in difficoltà, non conta la forza bensì la tecnica, che si acquisisce con tanta esperienza. E il nostro *bu-*

ghero ne aveva. Riuscì a portarmi in posti che altrimenti non avrei visto.

Una mattina ci alzammo prestissimo per raggiungere la baia di Los Delfinos. Quasi tutte le mattine, verso le cinque, un branco composto da più di mille delfini entra nella baia e si esibisce in spettacolari tuffi fuori e dentro l'acqua. Un vero spettacolo per le molte persone in attesa sulla scogliera. Ci sono anche ricercatori e biologi che registrano con particolari strumenti l'ingresso di questi ospiti speciali. Ma quel giorno, complice il nubifragio della notte precedente, i delfini non arrivarono. Ritornando verso la *dune buggy* su un sentiero pieno di pietre, si bucò una ruota della carrozzina. Il *bughero* si dimostrò come sempre eccezionale, portandomi in spalla per un intero chilometro.

Fu un viaggio strano. Mio padre mi apparve sotto una luce diversa, ma forse ero io che ero cambiato. Ansioso, frettoloso, desideroso di vedere tutto, con la paura di perdersi qualcosa. Un entusiasmo mordi e fuggi alla ricerca di qualcos'altro. Mi ricordava l'Andrea viaggiatore di un po' di anni prima, quando cercavo di assaporare tutto di un posto, un luogo, un viso, ma subito rincorrevo altro. Il Brasile ha profondamente modificato quel mio modo di viaggiare. Vivevo con grande serenità. Mi gustavo per la prima volta un presente fatto anche di tranquillità.

Se avessi dovuto definire con un aggettivo il rapporto tra me e Lara, avrei usato i termini « fluido e passionale ». Fluido perché ogni scelta veniva automatica, cambiavamo i nostri programmi e tutto andava bene. Passionale perché la nostra intesa era perfetta sotto tutti i punti di vista. C'era entusiasmo.

Il Brasile ci unì ancora di più, ci fece vivere un'esperienza da privilegiati, un'esperienza che è difficile raccontare e condividere.

Dopo tre mesi e mezzo ritornammo in Italia. L'aereo atterrò a Malpensa e, al ritiro bagagli, scoprimmo che non potevamo prendere il carrello. Serviva un euro, non ce lo avevamo. Era entrato in vigore da gennaio, noi avevamo ancora le lire. Tre mesi sono tanto tempo. Mio fratello e mia mamma vennero a prenderci in aeroporto.

Iniziai a occuparmi di Pianeta Mobilità, che era nato a Thiene mentre ero in Brasile. Quattro soci (Paola, Renato, Maria Teresa e io), due costruttori di carrozzine e ausili per disabili e una ragazza che lavorava nel settore. Un negozio dedicato all'ortopedia sanitaria ma specializzato in ausili: sedie a rotelle, manuali, elettroniche, di tutti i tipi, standing, ausili per il bagno, ascensori, saliscale, attrezzi sportivi. Un grande showroom luminoso dove venivano esposti tutti gli ausili. I disabili non sarebbero stati più costretti a ordinare una carrozzina su un catalogo, ma avrebbero potuto vederla, toccarla, provarla. Normalità e grande professionalità. Al progetto avevo aderito di slancio. La persona disabile non veniva più vista come un carrello che andava riempito, perché tanto un poveraccio è obbligato a utilizzare gli ausili, ma come un cliente normale con le sue pretese e con le sue esigenze. A volte una postura sbagliata può creare grossi danni. A volte un mouse particolare permette a una persona con problemi agli arti superiori di usare il computer. A volte una sedia superleggera ti consente di caricarla in macchina da solo, di essere autonomo. Una carrozzina da basket ti permette di giocare.

Pianeta Mobilità è convenzionata con le ASL. Se l'assistito, dopo una valutazione medica, ha diritto a un particolare ausilio, è la ASL stessa a pagare. Aspetto, quest'ultimo, che ti permette di lavorare con serenità, sapendo che il costo delle soluzioni che stai proponendo non è a carico della persona disabile.

Il negozio, arredato con i mobili della Estel, era in fase

di allestimento. Si pensava anche di proporre delle soluzioni di arredamento ad altre ortopedie.

Dal Brasile con e-mail e telefono ero rimasto in contatto con questa realtà prossima all'apertura. Mi sentivo anche con mio padre e con il cantiere costruttore della barca. Mio padre mi inviava i rendering delle varie modifiche.

Appena rientrati dal Brasile ci aspettava un viaggio a Miami. I banditi non furono mai presi ma io ero assistito da uno studio legale che aveva addebitato delle responsabilità alla proprietà della via nella quale mi avevano sparato. La guardia che doveva vigilare di solito stava in macchina, ma quella notte era a zonzo. Dovevo tornare a Miami per essere interrogato e cercare una soluzione per il risarcimento. Pronti, via.

Chiamai Peppe, il tour operator che aveva assistito i miei quando ero in coma.

Il giorno dopo l'arrivo a Miami conobbi il mio avvocato. Un Nicolas Cage, con Mercedes nera e Rolex d'oro. In un'ora di colloquio, non un minuto di più, mi diede tutte le informazioni necessarie. In due anni ci eravamo parlati al telefono un paio di volte. Pensavo che tutto fosse rimasto come prima. Quando vidi su uno scaffale venti faldoni con il mio nome mi ricredetti.

L'indomani fu una giornata infernale. Dieci avvocati, dato che le controparti erano due, una traduttrice con compiti di stenografa, io e Lara. Dieci ore di domande. Cercavano di convincermi che tutto sommato stavo bene. Uno di questi avvocati della controparte mi mostrò l'articolo del *Giornale di Vicenza* dal titolo: *La mia vita riparte dalla sedia a rotelle*, sottolineando che quelle erano le mie parole. Bastardi. Dopo un paio di visite medico-legali ci lasciarono liberi. Il primo tentativo di mediazione sarebbe avvenuto nel giro di quindici giorni. Bene.

Partii con Lara e Peppe verso ovest, alla volta del golfo del Messico. Furono giornate stupende. Seduti su una spiaggia abbiamo visto un tramonto mozzafiato: il sole infuocato entrava nell'acqua. Sembrava un biscotto. Tutti applaudivano. Fu un momento emozionante che riuscii ad apprezzare in modo diverso e più intenso grazie alle mie ultime esperienze fatte che mi avevano fatto crescere.

A Key West siamo andati in un resort principesco. Ci trattavamo bene, ma in fondo ce lo meritavamo. I trecento chilometri di strada che porta a Key West sono uno spettacolo unico. Un tempo erano tante isolette, poi l'ex socio di Rockefeller decise di costruire una ferrovia che le unisse, diventata poi una strada. Mi sembrava di essere nel film *True Lies* di James Cameron. Key West è la punta, l'ultima isola a novanta miglia da Cuba. Facemmo un giro con un biplano aperto, con indosso caschetto e occhiali da Barone Rosso. Dall'alto ammirammo i giochi di colore dell'acqua, il verde chiarissimo striato di un azzurro intenso, davanti all'arena bianca.

Avevo un obbligo, che mi sarebbe costato una grande fatica emotiva, ma dovevo compierlo: ritornare in ospedale per salutare le infermiere e i medici. Con le infermiere dell'*intensive care*, tutte un incrocio tra un medico e una mamma, ero rimasto in contatto perché volevano sapere come stavo. Mia mamma le teneva sempre informate. Aveva addirittura spedito loro le foto di me e Lara in montagna a Vetan, con il quad, in Inghilterra. Ci accompagnò il solito Peppe.

Entriamo. Il McDonald's all'ingresso me lo ricordavo. Gli americani sono pazzeschi, sono riusciti a inserire il principe dei fast food anche all'interno di un ospedale. Lara fa strada, li ricorda bene quegli odiosi corridoi. Ecco l'*intensive care*, una porta a vetri con fotocellula ci fa passare. Fuori c'è una giovane coppia seduta nella piccola sala d'attesa, con l'angoscia dipinta in volto. Proseguiamo. Si girano quattro infermiere. Una urla: «Andrea, Andrea, Andrea», con il classico accento americano. «Oh, my God.» Accorrono tutte, neanche fosse ieri che me ne sono andato. Il loro ricordo è vivissimo. A stento trattengo le lacrime, loro piangono e ridono di gioia, mi riempiono di complimenti. Dovrei farlo io visto che mi hanno salvato la vita, ma dietro il mio sorriso c'è un groppo in gola, l'incapacità di parlare... Sono contento di essere venuto.

Una foto, una foto, vogliono esserci tutte. Facciamo un bel gruppo, per fortuna Caroline, una di loro, ha la premura di tirare la tendina del paziente dietro di noi che purtroppo non ce l'ha fatta...

Chiedo del dottor Guarneri: voglio invitarlo a cena. Mi danno il numero e lo avvertono. Lui dice che mi richiamerà nel giro di pochi giorni. Riesco invece a contattare il dottor Staff, l'altro medico che mi aveva curato. Un tipo completamente diverso da Guarneri. Ebreo di origine, Staff conosce bene l'italiano perché ha studiato medicina a Bologna per due anni. A prima vista sembra un tranquillo padre di famiglia e la cena con sua moglie ce lo conferma. Si fa apprezzare per la sua cultura, i racconti di viaggi passati e le speranze per viaggi futuri. Gli racconto del catamarano in costruzione. «Se per caso vieni in America in barca, ti ospito nel mio pontile privato di fianco alla mia casa qui a Fort Lauderdale», mi dice.

Lui e Guarneri, che è più giovane, sono soci da parecchi anni. Insieme, oltre al lavoro in ospedale, hanno una loro clinica privata.

Guarneri mi richiama dopo qualche giorno. «Ci vediamo da Mancini in Las Olas, stasera alle 21.» Di lui mi ricordo soprattutto la parlata rapidissima e lo scalpiccio degli zoccoli che annunciava il suo arrivo.

Mancini è un ristorante italiano lungo un grande *boulevard*, Las Olas, pieno di bar e locali, a non più di duecento metri dall'ingresso di Isle of Venice, il luogo dell'incidente. Guarneri si presenta accompagnato da una delle ragazze dell'ospedale, la più carina, che si occupa di amministrazione. Anche lui è un bell'uomo. Alto, con una barba che evidenza gli occhi sempre in movimento.

« Fammi vedere la cicatrice. » Alzo la maglia e gliela mostro.

« Fantastico, tu sei l'unica cosa buona che ho fatto », scherza ridendo. « Per il resto », continua spedito in un inglese velocissimo che ci costringe a interromperlo spesso, « la mia vita affettiva è un disastro. Ho quarantatré anni e sette figli. Lavoro giorno e notte, clinica e ospedale, per mantenere tutti. Vedi quel palazzo? All'ultimo piano ci sono gli avvocati della mia prima moglie, al penultimo quelli della seconda e al terzultimo i miei. »

La serata scorre piacevolmente, i nostri ospiti amano la cucina e il vino italiani. Io e Lara alla fine di quella giornata ci sentiamo contenti e in pace con noi stessi.

Nel frattempo quelle sanguisughe dei legali americani andavano avanti nelle trattative. Cominciarono a propormi delle offerte di transazione. Rifiutai sia la prima sia la seconda *mediation* e dopo quaranta giorni rientrammo in Italia. Nel giro di dieci giorni accettai per telefono dall'Italia la loro terza proposta.

Non avrei mai sopportato l'idea di dover attendere un giudizio e di sentirmi con le mani legate. Le idee che avevo sulla barca, la pubblicità che volevo dare all'iniziativa sarebbero state una manna per un avversario così privo di scrupoli. Bene così. Dal momento che ero stato risarcito, pagai anche l'ospedale, una cifra mostruosa. Ma mi rimanevano ancora un bel po' di soldi. Ero indipendente.

A fine maggio ci fu l'inaugurazione di Pianeta Mobilità. Non avevo compiti operativi, era Paola che gestiva il negozio. Ma subito cominciarono i problemi per i nostri soci. Avevano ricevuto molte critiche dai loro stessi clienti, vale a dire da altre ortopedie che si vedevano minacciate dalla possibilità che Pianeta Mobilità diventasse un fenomeno nazionale. Io e Paola rilevammo le quote di Renato e Maria Teresa. Io avevo la maggioranza. Erano passati appena quaranta giorni dall'apertura del negozio.

I lavori della barca procedevano. Le cabine accessibili avrebbero avuto due diverse disposizioni, con due « progettisti » differenti: Francesco Miotto per quella di sinistra, io per quella di destra.

Le armadiature erano invece tutte opera di mio padre. Era riuscito a sconvolgere gli equilibri di Contreas proponendogli legni nuovi, solidi e bellissimi. Discutemmo a lungo sul colore. Io volevo un colore chiaro, acero, un po' *hi-tech*, lui più caldo, come il tek. Alla fine ha vinto lui ma devo dire che il risultato è ottimo.

Mio padre aveva proposto a Contreas di mandargli un suo falegname per aiutarli. « Giorgio, c'è da andare a Dervio per lavorare sulla barca. » Giorgio Zanella, neopensionato, non si fece pregare: « Ingegnere, quanti giorni? » « Direi otto, al massimo dieci. » Alla fine Giorgio starà a Dervio otto mesi. E dopo un po' gli farà compagnia un altro ex dipendente, Daniele Torresan, anche lui falegname ma specializzato nella verniciatura.

Anche io e Lara trascorrevamo parecchio tempo a Dervio. Ci piaceva quel lago, la pensione Conca Azzurra dove dormivamo, le camere una diversa dall'altra, la cura e l'atmosfera che vi si respirava. Tanti paesini graziosi, con un turismo più silenzioso di quello che invade il lago di Garda. Proprio davanti al cantiere di Contreas c'è un porticciolo della lega navale. Ci sono anche sette 2.4 e una vera e propria scuola per ragazzi disabili. L'istruttore si chiama Carlo Annoni. Trent'anni di regate sulla classe Star e ora istruttore della lega navale. Una persona squisita. Abbiamo fatto con lui un corso di una settimana. Lara, digiuna di barca, ha avuto modo di conoscere la vela. Di conoscerla nel modo più giusto, attraverso una piccola imbarcazione in cui sei da solo a far tutto. Era diventata brava, aveva cominciato a battermi sempre più spesso.

Estate 2002. Decidemmo di trascorrere il mese d'agosto nella casa di montagna dei miei, appena ristrutturata per essere perfettamente accessibile. Un posto incantevole a Selva di Cadore. Il grande terrazzo di legno si affaccia su un grande bosco, con qualche «tabia» e sulla sinistra il monte Pelmo. Al tramonto le sue cime si colorano di rosa.

Prima di partire feci una lucida pazzia. Comprai un quad, la famosa moto a quattro ruote. Un Polaris 325 quattro tempi, due ruote motrici. Sopra ci stavo proprio bene. Nato come mezzo da lavoro, era presto diventato di moda. Per me era l'unica moto possibile, oltre al sidecar. Lo portammo in montagna. Saliva dovunque. E così ogni giorno percorrevamo tutti i sentieri del Civetta e dei monti vicini. Una sensazione di libertà assoluta. Ci caricavamo anche la carrozzina e quando trovavamo qualche rifugio c'era sempre spazio per una birra e un panino.

Giravamo molto anche per strada. Una scappata a Cortina a trovare mio cugino Massimo, un giro a Canazei dove ci comprammo in tutta fretta delle mantelline per affrontare i cinquanta chilometri del ritorno sotto l'acqua. E quando la moto era ferma, tanti libri. Lara prendeva il sole, sua grande passione, sul terrazzo di legno. Tra un discorso e l'altro prendemmo una decisione: volevamo un cane. Un pastore tedesco.

Il miglior allevamento di pastori tedeschi della zona era a Zugliano, a tre chilometri da casa. Il proprietario, Zanini, era un ex impresario edile che andava molto fiero dei suoi cani. Elencava parentele e discendenze: campione d'Italia di qua, campione del mondo di là. Io e Lara non eravamo interessati a concorsi e pedigree ma ascoltavamo desiderosi di sapere. Ci bastava che il cane avesse un carattere buono e dolce. Non ci importava poi molto se il garrese misurasse 64 o 66 centimetri. Ci mostrò l'ultima cucciolata. Ci colpì lui, l'unico maschietto. Era piccolissimo. Stava in una mano. Lara se lo sarebbe portato a casa subito. Dovevamo aspettare però che compisse sessanta giorni, prima doveva essere svezzato dalla madre. A ottobre sarebbe diventato ufficialmente uno della famiglia. Ma in realtà già lo era.

A casa continuavamo a riguardare le foto che gli avevamo fatto. Una in particolare. Il suo musetto in primo piano. Muovendo lo schermo della macchina digitale, grazie a chissà quale effetto, vi si intravedeva la faccia di un uomo. Bene. Rimaneva da decidere il nome. Per le ferree leggi del pedigree doveva cominciare con la lettera V. A Zanini un po' ingenuamente avevo chiesto se il cane aveva il pedigree. Si era quasi offeso ed era partito con la sequela dei nomi dei suoi illustrissimi e plurimedagliati predecessori. Chiedemmo consiglio anche agli amici e ne uscirono i nomi più strani: Vov, Vurstel con la V, Vasco, Va' pensiero, Vermut. Alla fine prevalse Vox. Ci convincemmo definitivamente quando Zanini ci disse che era un nome

Luglio 2000, festa di laurea:
io e Giulio grandi protagonisti.

Isola di White:
Verity K mi riporta
a veleggiare.

Il Civetta.
Con quattro ruote
si va dovunque.

Vetan: la passeggiata più comoda della mia vita, grazie ragazzi!

Dervio, costruzione: Giovanni Parise (P.M.P
controlla la pedana posteriore per l'entrata in acqua da lui realizzat

esolo. La mia prima regata su un 2.4.

Cremona, secondo battesimo nell'acqua: ci prepariamo a navigare il Po.

Arsenale di Venezia, 14 luglio 2003, il va
a festeggiare insieme a un migliaio di perso
sono con noi l'ammiraglio Pagnottel
Manuela Levorato, Mauro Pelaschi
Carlo Ancelotti, Paolo Bassa

Brindisi, primo Giro d'Italia: Vox, da vero marinaio, indossa la divisa.

Asiago, corso di quad con i ragazzi disabili.

Genova, Millevele:
ho appena conosciuto
Giovanni Soldini, un mito.

Catania, secondo Giro d'Italia:
scuola a vela, si naviga.

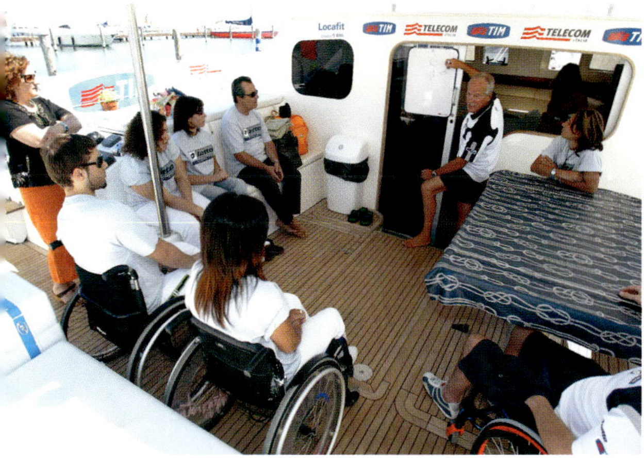

Ostia, secondo
Giro d'Italia:
lezione teorica
durante una
giornata di scuola
a vela per disabili.

Islanda, viaggio di nozz
momenti magic

Genova, 14 ottobre 2004: siamo partiti, destinazione Miami.

)ceano Atlantico: Mauro Pelaschier mi corregge, mi consiglia,
enta di insegnarmi l'arte della vela.

Antigua: siamo appena arrivati, quarti assoluti nella regata atlantica, e festeggiamo con le due ultime bottiglie di prosecco rimaste.

Miami, siamo arrivati: Guarneri, il chirurgo che mi ha salvato la vita,
e tutte le infermiere dell'*Intensive Care* abbracciano me, Lara, papà e mamma.

Milano, mostra fotografica insieme a Candido Cannavò che ha dato
il suo generoso contributo al libro *Il ritorno in un istante*.

perfetto perché breve, facile da pronunciare, efficace. Zanini, troppo forte!

Vox arrivò a ottobre. Avevamo deciso che lo avremmo tenuto in casa di giorno, mentre di notte avrebbe dormito in giardino, all'interno di un piccolo recinto. Era bellissimo. Piccolo ma con quattro tenere zampotte. Non potevi non innamorartene. Il cane deve aver chiaro chi comanda, quali sono i suoi spazi, i suoi diritti e doveri. Se non riconosce un capo nel suo gruppo non riesce a comprendere il proprio ruolo. Per questo molti cani scappano. Ero abituato ad Asterix, il mio vecchio cane, un samoiedo tutto bianco un po' aggressivo. Ero strabiliato nel vedere la docilità di Vox e la fermezza e l'affetto di Lara. Di notte non l'ho mai sentito fiatare, in macchina ti dimenticavi di avercelo, al ristorante era educatissimo. Ammirato e stupendo. E poi quante coccole si faceva fare, quante leccate sul muso.

A dicembre mi iscrissi a un corso di sci. Lo sci per disabili è uno sport molto diffuso, è diventato anche una specialità paralimpica. Si può praticare per puro divertimento o gareggiando. In Italia ci sono diversi gruppi sportivi e una federazione. Si compete nelle quattro discipline: gigante, speciale, superG e libera. In quest'ultima disciplina si raggiungono velocità pazzesche. Ero stupito dalla varietà di sport che le persone disabili possono fare, con grandi soddisfazioni tecniche. Basket, tiro con l'arco, atletica, vela, sci, golf, ma anche parapendio, rafting, hydrospeed, hockey su ghiaccio e molti altri. Spesso servono ausili speciali. Nel caso dello sci, io uso un particolare seggiolino che attraverso un telaio e un ammortizzatore è collegato a una piastra dove si agganciano uno o due, dipende dal modello, normalissimi sci. Due racchettone stabilizzatrici permettono di curvare. Prima dell'incidente lo sci era lo sport che praticavo in assoluto meglio. Da ragazzino facevo le gare ed ero piuttosto bravo. Tre pomeriggi alla settimana dopo la scuola passava a prendermi il pulmino della squadra e, panino in bocca, andavo su nell'altopiano di Asiago a fare paletti. Sabato e domenica gare. Continuai a sciare anche quando smisi di fare agonismo. Mi piace la curva, la distensione, il cambio di pendenza, pennellare la neve. È uno sport che ho sempre capito. Lo ho sempre rispettato. Quando sciavo, sciavo. Non c'era baretto con gli amici se non a fine giornata.

Così decisi di riprovarci. Mi iscrissi a un corso al passo Oclini, sopra Trento. L'istruttore era un ragazzo paraplegico, un atleta della nazionale che aveva vinto delle medaglie alle Paralimpiadi. Si chiamava Helmuth Wolf. Al corso ci sarei andato con Alessio, un ragazzo appena conosciuto, anche lui baciato dalla tragica sorte. Era fresco di incidente, ma mi sembrava avesse un gran bel carattere. Partimmo da casa mia, in ritardo. Avevo appena cambiato auto (anche Vox aveva le sue esigenze) e avevo preso una Subaru familiare, quattro ruote motrici. Proprio quel giorno mi avevano collaudato i comandi a mano, quelli che uso per accelerare e frenare. E così, bagagli e carrozzine dietro, abbastanza incastrati, io e Alessio siamo partiti. Superata Trento, continuammo veloci in autostrada direzione Bolzano e prendemmo l'uscita giusta. Tutto sembrava andare per il meglio dato che avevamo anche una cartina stradale. Ma fu quella a farci fare l'azzardo. Una deviazione a sinistra, bene segnalata. La imboccammo e poi avanti, avanti. Arrivati a un bivio proseguimmo per una strada che diventava sempre più stretta e piena di neve. Era sempre più tardi. Non avevamo il numero dell'hotel e ormai annaspavamo da due ore. Soli in mezzo al bosco. E se i comandi dell'auto avessero avuto qualche problema? E se ci fossimo impiantati nel bosco, col telefono che non prendeva? Ci siamo fatti delle belle risate a immaginare la scena, noi con le nostre carrozzine. Per fortuna non ci mancava lo spirito. Alla fine la strada sbucò proprio al passo Oclini, si vedeva l'albergo a non più di un chilometro di distanza. Purtroppo a separarci c'era una pista da sci. Avventurosi sì, ma non sciagurati. Uno sguardo d'intesa, un'altra risata; forse per un attimo pensammo di tentare, ma poi siamo tornati sulle nostre ruote, rifacendo tutta la presunta scorciatoia fino alla statale. A mezzanotte in punto eccoci al piazzale dell'albergo. Ci avevamo messo « solo » sei ore, sotto una tormenta di neve, il telefono ancora senza campo. Per quanto fossimo abili e autosufficienti, su quel lastrone di ghiaccio del piazzale, non saremmo mai riusciti a scendere da soli dall'auto e a spingerci fino all'ingresso dell'hotel. Piccolo dettaglio, eravamo affamati come lupi. Per fortuna dall'albergo ci videro e ci aiutarono a entrare e a sistemare i bagagli. « Vi aspettavo per cena », ci accolse la voce tirolese di Helmuth. « Ma dato che è tardi vi faccio fare dei panini e due birre. » Meno male. In quell'occasione testai la Subaru che si comportò davvero bene. Un po' meno pilota e copilota.

Io e Alessio dormivamo in camera insieme. Era strano perché dopo l'incidente avevo dormito sempre con Lara o da solo.

L'indomani alzataccia, colazione e via. L'albergo si trovava in mezzo alle piste. Si usciva dalla porta della sala da pranzo, ci si infilava gli sci e si partiva. La prima parte della mattinata fu spesa a scegliere gli attrezzi e a regolarli. Helmuth insegnava insieme ad altri due ragazzi, uno dei quali in sedia a rotelle. Erano aiutati da un bel numero di fisioterapiste. È molto importante che le persone che lavorano nei centri di riabilitazione, fisioterapisti, medici, infermieri, facciano esperienze di quel tipo. È utile che vedano da vicino le possibilità dei disabili in campo sportivo o sociale. Devono essere in grado di comunicare ai loro pazienti informazioni, sensazioni, entusiasmo. Una persona che si ritrova con la vita completamente stravolta deve sapere come riorganizzarsi. Purtroppo quasi sempre è all'oscuro di tutto perché non conosce questo nuovo mondo. È avido di informazioni, e i primi che devono trasferirgli stimoli e fiducia sono gli operatori. Ci si aggrappa spessissimo a loro. E loro ogni giorno si trovano ad ascoltare storie di sconforto e depressione e in cambio devono donare supporto e coraggio. Non c'è scritto nel loro contratto di lavoro ma è questo che fanno i bravi operatori.

Alcune delle fisioterapiste presenti al corso di sci erano veramente carine. E tutte simpatiche. Eravamo pronti alla partenza. Credo di essere caduto dopo soli due metri. Sul gancio, inaspettatamente tutto bene. Ma la prima discesa fu un martirio. Non ci capivo niente. Facevo uno sforzo bestiale con le braccia. Ma tutto sommato ero il meno peggio del gruppo. A ogni discesa diminuivo il numero delle cadute. Per essere il primo giorno non ero male. Smettemmo per pranzo. Ma dopo nessuno riprese. Il dolore che provavo alle braccia era forte. Ora di sera sarebbe diventato allucinante.

I giorni seguenti cominciai a scendere discretamente, se non altro senza cadere. Il gruppo era veramente gradevole. Alla sera chitarra e grappini e via a cantare.

Tornai a casa entusiasta, con la testa piena di idee. Pensavo già che mi sarei dovuto allenare come un pazzo per fare le Paralimpiadi.

Un progetto più concreto fu l'organizzazione di un corso di sci per ragazzi disabili sull'altopiano di Asiago. Avevo conosciuto la responsabile della scuola di sci di Cesuna, di nome Ketty. Mi aveva detto che da dieci anni facevano sciare dei ragazzi di Milano con disabilità. Non avevano però la possibilità di trovare i monosci, i seggiolini per sciare per i paraplegici. Avrei dovuto provvedervi io. Mi fece conoscere Antonio, proprietario dell'albergo Col del Sole, una struttura con moltissime camere accessibili. Detto fatto, Omar e Pianeta Mobilità avrebbero organizzato il corso. Chiesi anche la collaborazione di Helmuth che si era detto ben felice di aiutarci. I partecipanti avrebbero pagato una quota che comprendeva circa un terzo dei costi, il resto sarebbe stato messo da uno sponsor. E sarebbe stato il mio amico Nicola, uno del gruppo dei fedelissimi di Thiene, a sponsorizzarmi. Il corso sarebbe iniziato a febbraio 2003 e se ne sarebbe occupato Omar. Grazie al suo impegno e al suo entusiasmo i corsi ebbero molto successo. Ci furono una quindicina di disabili-sciatori. E alla fine la gara. Mi fece un certo effetto ritornare tra i paletti. Ma qualcosa ricordavo perché arrivai primo.

Convinsi Lara a cominciare a sciare. Per colpa mia, ne aveva un ricordo traumatico. Quando tornai a casa dall'Erasmus, andai con Lara in montagna. Lei non sapeva sciare. La trascinai, le affittai sci, scarponi, racchette, la misi su una pista troppo ripida e la vidi cadere un migliaio di volte. Io intanto sfogai la mia passione facendo due piste nere senza fermarmi. Dato che la ritrovai più o meno nello stesso punto, mi decisi a portarla sulla pista baby e ad accompagnarla giù stando dietro di lei. Era una ragazza così sveglia. Mi sembrava impossibile che non potesse imparare all'istante. Che sciagurato!

Fu dura convincerla a riprovarci. Questa volta però con tutte le attenzioni del caso. Fece delle lezioni con Ivan, il mio maestro storico. Ivan aveva insegnato a sciare a me, mio fratello, mia mamma e aveva fatto fare a mio padre notevoli progressi anche se lui non lo avrebbe mai ammesso.

Ne approfittai anch'io. Ivan aveva studiato il mio monosci e anche senza esserci mai salito aveva capito molte cose. Io e Lara passavamo le giornate sciando con Ivan un'ora lei e un'ora io. Vox ci aspettava in auto, nel parcheggio della sciovia, senza fiatare. Quando lo liberavamo diventava pazzo sulla neve. Correva ovunque fino a tagliarsi le zampe. La gente si fermava a guardarlo. Vox è proprio bellissimo.

5

IL SOGNO DIVENTA REALTÀ

Coltivavo un sogno: ritornare a Miami con il catamarano. Innanzitutto perché avevo sempre desiderato attraversare l'oceano. E poi, visto che me ne ero andato in carrozzina, mi piaceva l'idea di tornarvi con un messaggio positivo. Arrivare in barca a Miami sarebbe stato un po' come chiudere un cerchio. Quando vi ero già tornato per sbrigare le faccende legali avevo vissuto il viaggio come un dovere, un obbligo per assolvere una questione burocratica. Ora invece volevo affermare una scelta autonoma e forte. La mia imbarcazione avrebbe rappresentato un vero modello di libertà, soprattutto se a bordo ci fossero stati, oltre a me, altri disabili.

Mi dedicai al mio progetto con entusiasmo e cercai di raccogliere spunti e idee parlandone con persone diverse. C'era chi prometteva di aiutarmi a diffondere il messaggio, chi diceva che si sarebbe impegnato a raccogliere fondi per coprire i costi. Ricordo facce euforiche, gente che sembrava pronta a darmi una mano, ma anche tante pacche sulle spalle di chi di questo progetto non aveva capito nulla, che mi diceva la solita frase ignorante: « Coraggio, la vita va avanti ». Passai quasi due anni circondato da questa corte dei miracoli. Mi sentivo un po' come l'agrimensore K. nel *Castello* di Kafka, finché non decisi di rivolgermi a un'agenzia di comunicazione.

Il mio amico Giulio mi presentò suo cugino, Silvano Maioli. Un ragazzo sveglio, laureato in legge, braccio destro di Campana, che curava le relazioni pubbliche del sindacato calciatori. L'idea gli piacque molto ma non aveva tempo per occuparsene. Mi presentò un suo collega, Otello Sorato, che aveva una sua agenzia di comunicazione. Bevemmo un caffè tutti e tre insieme. Otello si appassionò subito all'iniziativa. Mi disse di preparare dossier, brochure, materiale, tutto il necessario da presentare a eventuali sponsor. Ci avrebbe pensato lui.

Con Otello litigai subito per una bizzarra questione economica. Lui non voleva soldi. Se avessimo trovato degli sponsor gli avrei coperto solo le spese vive. Ecco un altro della serie: « Coraggio, la vita va avanti », pensai. Ma eravamo già a maggio 2003, di lì a un mese la barca sarebbe finalmente uscita dal cantiere quindi dovevamo sbrigarci.

Quel pomeriggio stesso Otello realizzò una brochure sulla base delle mie idee e la sera dopo io e Lara eravamo a cena a casa sua per scegliere il nome dell'imbarcazione. Conoscemmo Lallo, il figlio di Otello, Fabiana, la giovane moglie, e Lu, il cagnolino tascabile. Quest'ultimo era ammaestrato e a comando si alzava in piedi raggiungendo addirittura 32 centimetri di altezza.

Entrammo subito nel vivo dell'argomento. Per me era scontato che la barca si sarebbe chiamata *Easy*, Otello non era d'accordo. Con bravura rese partecipe la sua famiglia e Lara del progetto e dello sviluppo che avrebbe potuto avere. Aveva preparato dodici copertine che ritraevano un catamarano stilizzato con le vele spiegate che cavalcava una grande onda con la prua puntata verso i grattacieli di Miami. Su undici di quei catamarani compariva un nome in varie forme: *Lo Spirito di Stella*. Il dodicesimo si chiamava *Easy*, scritto in un modo che sembrava una marca di pannolini per bambini. Lara strabuzzò gli occhi, io protestai che tanto egocentrismo non mi apparteneva, ma il bravo e furbo Otello riuscì a vincere la prima battaglia.

Ci voleva un testimonial. Otello pensò anche a questo. «Senti, io sono amico di Carlo Ancelotti, lavoro con lui. Cosa ne pensi se gli chiedessimo di essere il padrino della barca?» «Fantastico, Carletto è il mio mister preferito, un mito.» Sono uno sfegatato milanista cresciuto in una famiglia di milanisti. O per lo meno con un padre la cui fede rossonera supera qualsiasi immaginazione. Negli anni raramente l'ho visto smettere di lavorare prima delle otto di sera, tranne quando insieme andavamo a Milano, a San Siro, a vedere la coppa.

Dopo qualche giorno eravamo a Fellegara, un paesino vicino a Parma dove vive la famiglia Ancelotti. Un posto magnifico con un castelletto in cima a un colle. Passammo ore piacevoli immersi in un'atmosfera familiare.

«È vero che guidi l'elicottero?» chiesi a Luisa, la moglie.

«Vieni che te lo mostro.» E con orgoglio mi fece vedere il suo gioiello.

«Se vuoi ti faccio fare un giro.»

«Se si può volentieri.»

In un batter d'occhio mi aiutò a salire nel posto passeggero. E poi ci alzammo in volo mentre Otello scattava foto. Luisa, una donna molto simpatica e alla mano, amava il volo alla follia. Quasi ogni giorno si faceva un giretto senza nessun esibizionismo. In effetti era emozionante sorvolare l'Appennino, dall'alto le differenti coltivazioni dei campi sembravano un immenso quadro astratto pieno di variazioni cromatiche, una formidabile intesa artistica tra natura e sapienza contadina.

Concludemmo quell'incredibile pomeriggio in una trattoria del paese. Una trattoria antica, con il soffitto a volte, dove si potevano gustare i sapori dell'Emilia e dove la gente con rispetto e quasi sottovoce salutava Ancelotti, fresco del successo in Coppa Campioni. Gli proposi di trascorrere una settimana sul catamarano in Croazia. Vista dalla barca la Croazia è bellissima ed è molto attrezzata per la nautica. La conosco molto bene: ho trascorso almeno dieci estati veleggiando con i miei lungo quelle coste. Avrebbero avuto Alfredo come comandante e mio fratello come marinaio. Accettarono con entusiasmo. Al loro ritorno avremmo organizzato una grande festa all'Arsenale di Venezia per presentare *Lo Spirito di Stella*. Ancelotti ne sarebbe stato il padrino. Era nata un'amicizia.

Alfredo mi fu consigliato da Enrico Contreas. « Bisogna prendere un comandante con un certo anticipo », mi disse. « Sarebbe meglio se potesse venire qui in cantiere, finché la barca è in costruzione, per conoscerla ed evitare così tanti errori futuri. » Mi presentò Alfredo, un affascinante cinquantenne che da anni faceva il comandante su barche da crociera. A Savona, dove vive, lo chiamano Paul Newman. Ad altri ricorda la bella copia del commendator Zampetti, il « commenda lumbard » della *Terza C*, mitico telefilm della mia adolescenza. Persona affabile e sicura di sé, seppe subito farsi ben volere. Passò quasi sei mesi a Dervio, a seguire le ultime fasi della costruzione della barca.

A fine maggio 2003 arrivò il momento del varo dello *Spirito di Stella*. Chiamai mio zio Kiko, regista. Venne a filmare l'evento accompagnato da Giovanni, un giovane regista. Otello non mancò. Mi ricordo la sua faccia e la sua meraviglia quando vide il « capolavoro ». Non si immaginava che la barca fosse così bella e spaziosa.

Il catamarano è lungo 17 metri e mezzo, largo quasi 7 e mezzo e pesa 15 tonnellate. Il capannone dove è stato costruito si trova a 350 metri dal lago. Il portone di uscita è poco più largo della barca e la strada dove si sbuca è parecchio stretta.

Guardavo con il cuore in gola quel niente d'aria che stava tra gli stipiti del portone e la barca, le mille manovre del muletto per definire la traiettoria esatta. Dubitai anche che ce la facesse. Poi come per magia la barca uscì, venne trascinata per la strettoia creata dal muro di recinzione del cantiere e un'antica chiesetta, superò il campo che la separava dal lago ballonzolando sul carrello, venne imbragata e sollevata dalla gru e delicatamente adagiata sull'acqua.

Sei lunghissime ore trascorsero in un baleno, tale era la concentrazione emotiva e nervosa. Accendemmo i motori e, come tradizione per invocare la buona sorte, Lara spaccò una bottiglia di champagne su una delle prue. La barca era ancora senza albero, ma salimmo subito a bordo, mollammo gli ormeggi e andammo a farci dei giri avanti e indietro per il lago. La domenica ci spingemmo fino a metà lago, sorpresi di non vedere barche intorno a noi. Le frecce tricolori ci sfrecciavano sopra la testa. Presi dall'eccitazione non ci eravamo neanche accorti degli avvisi che vietavano la navigazione, visto che era in corso una manifestazione aerea. Avevamo varato il nostro sogno e a festeggiarci c'erano le frecce tricolori!

Due giorni dopo cominciò il viaggio vero. A Lecco la barca venne nuovamente imbragata, sollevata dall'acqua e, grazie a un'enorme gru appoggiata sul ponte, caricata su un grande camion. Un faro posto all'estremità del braccio illuminava il catamarano che nell'oscurità della notte ricordava per forma e luminosità una navicella spaziale, un ufo. Dovevamo raggiungere Cremona, a centocinquanta chilometri di distanza, per poi arrivare via Po fino al mare. Il catamarano occupava l'intera carreggiata e molte volte gli addetti al trasporto dovettero piegare cartelli stradali troppo sporgenti o addirittura tagliarli con il flessibile. Ci vollero due notti di trasporto eccezionale con tanto di polizia davanti e dietro e la consapevolezza di essere gli autori di un incolonnamento d'auto senza fine.

Seguii il convoglio insieme a Giulio e Diego Trevisi, mio zio Kiko e Maria, un'altra regista. Mio zio ne combinò una delle sue. Rimasto indietro per filmare il passaggio della carovana e ritrovatosi in coda, si mise a superare tutte le macchine che nel frattempo erano passate davanti, provocando un'immensa bagarre. La polizia riuscì a riportare l'ordine con molta difficoltà. Arrivammo al porto di Cremona alle tre di notte.

Tre giorni dopo, un venerdì, secondo battesimo nelle acque del Po. C'erano Contreas, Alfredo, papà, mamma, Lara, e i miei amici Nicola, Luca e Zeno, che a suo tempo mi aveva fatto rincontrare Lara. Da Cremona fino al mare è un susseguirsi di spiaggette di sabbia fine, di pioppeti, un paesaggio suggestivo ma destinato a cambiare di continuo per le frequenti piene contenute da tre livelli di argini. Impossibile aprire su quelle belle spiagge ristoranti, bar, stabilimenti balneari. Esiste sempre il rischio che una piena spazzasse via tutto. In quel periodo c'era poca acqua a causa della siccità, e per non infossarci dovevamo seguire gli allineamenti: superata una bandierina, si doveva guardare con il cannocchiale in cerca della direzione da seguire per doppiare la successiva. Vietato sbagliare, quella era l'unica strada navigabile, pena finire bloccati in una secca. Il colore dell'acqua e la vegetazione intorno mi ricordavano l'ambientazione del film *Apocalypse Now*. Mi sentivo come il campione di surf che vestito da guerriero ride felice. La gioia sua era però lisergica, la mia vera e naturale, senza trucchi. Alla fine del viaggio non ci sarebbero stati il folle Kurtz e la sua tribù devota, ma un bellissimo albero, *happy end* di un sogno cominciato tanto tempo prima.

Navigammo a motore tutto il giorno verso Marina di Ravenna. Il fiume era animato da numerosi barchini in gara per la pesca del siluro. A un certo punto sentimmo un gran fracasso nell'acqua: era un branco di pesci che impazziti saltavano fuori dall'acqua e sbattevano contro il fianco della barca. Mio padre scese in cabina e trovò un pesce simile a un cefalo che si agitava dentro la sua borsa. Era entrato dall'oblò laterale. Lo ributtò nel fiume ma la puzza rimase nella sua camicia per qualche lavaggio. Per trovare la forza di fare un simile salto, non poteva che essere inseguito da un pesce siluro. Il siluro è una bestia particolare. È una vera fogna, mangia tutto quel che trova sul suo percorso. Dannoso all'ecosistema, può raggiungere anche i duecento chili. Il suo aspetto aggressivo evoca terribili leggende, anche se sul siluro quella sera ascoltai racconti ben diversi e innocui. I pescatori che incontrammo su un pontile dove avevamo ormeggiato per trascorrere la notte erano infatti di tutt'altra opinione. Eravamo a Ponte Lagoscuro. In paese, a due chilometri di distanza, c'era una grande festa popolare in onore del pesce siluro fritto. Per me è una carne troppo grassa e per niente buona. Preferimmo rimanere a cena nel ristorantino di fianco al pontile. Arrivarono anche Kiko, Maria e Stefano Mordini, un regista collega di Maria, per continuare la documentazione filmata della nostra avventura.

L'indomani partimmo presto e a pranzo, con la scusa di fare carburante, ci concedemmo un altro pasto a base di pesce e prosecco in una trattoria tipica, schivando così un'arsura insopportabile. La televisione era sintonizzata su una gara di Moto GP e ancora una volta ammirai i sorpassi capolavoro di Valentino Rossi, un genio. Ripartimmo carichi di allegria e di vino e dopo poche ore lo scafo della barca cominciò a sentire il salmastro del mare.

A Marina di Ravenna ci fermammo una settimana per tutte le prove di rito. Primo giorno, alberatura. L'albero, che mi sembrava lunghissimo, era posato sull'asfalto bollente. Venne imbragato, alzato e poggiato finalmente sul catamarano. Uscimmo subito a fare le prove con il velaio. « Bianchi e Migliori » si chiamava la veleria. Erano i cognomi dei due soci. « Ci considerano dei razzisti », era solito ripetere uno dei due. Che emozione provare il « cata » con il gennaker bianco, tra l'azzurro dell'acqua e il blu del cielo. Mi sembrava di volare, anche se in realtà la vela era migliorabile. Non ero abituato alle velocità del catamarano, decisamente superiori a quelle di un monoscafo tradizionale da crociera. Quando prendeva vento, la barca accelerava rimanendo piatta con i due scafi dentro l'acqua. Una sensazione strana ed esaltante al tempo stesso. Mio padre e alcuni amici, tra cui Giorgio e Daniele, gli ex dipendenti della Estel che avevano lavorato in cantiere come falegnami, vennero a farsi un giro.

A un certo momento dovevamo applicare allo scafo la scritta adesiva con il nome della barca. Una banda blu con il corsivo bianco e una linea rossa come la British Airways. Un logo lungo tre metri che abbracciava le due prue degli scafi, come Luna Rossa. Mio padre nel gommone, in bilico su uno dei due galleggianti. Giorgio e Daniele sulla barca cercavano di tenere, con due cimette, il tender attaccato alla murata. La scarsa dimestichezza o un « colpo di mona » e mio padre era in acqua. Occhiali, portafoglio, telefonino. Recuperò poi tutto ma per quest'ultimo non ci fu nulla da fare.

Dopo alcuni giorni arrivò la famiglia Ancelotti, e un loro amico con la figlia. Salirono in barca e mi riempirono di complimenti: non pensavano fosse così avveniristica e spaziosa. Erano pronti per la crociera in Croazia ma dovettero pazientare un giorno a Ravenna a causa del mare troppo formato per affrontare una traversata. Avevano voglia di muoversi, non sembravano impauriti. Andò tutto benissimo.

Tornarono dalla Croazia domenica 13 luglio e il lunedì

14 all'Arsenale di Venezia facemmo una grande festa. Avevamo stampato 400 inviti e li avevamo distribuiti solo una settimana prima. Arrivarono 850 persone, grazie anche alla disponibilità di Ancelotti, Paolo Bassani, Mauro Pelaschier, Guido Cappellini, Manuela Levorato, la madrina. Tutti gli amici sportivi contribuirono al successo di questa presentazione che si trasformò in una grande festa con tanto di complesso reggae. Lo studio Sorato era infatti riuscito a coinvolgere personaggi famosi che contribuissero a dare alla nostra iniziativa la maggiore visibilità possibile. C'erano moltissime televisioni e giornali. Otello con Christian, un suo collaboratore molto valido, aveva organizzato tutto al meglio, compreso un palco, una presentatrice, Dody Nicolussi di Sky, e una serie di cartelloni che spiegavano l'iniziativa.

Mi fece effetto ascoltare le parole di Pelaschier: « In questa barca tutti si possono sentire veramente velisti, tutti hanno la stessa velocità ». Sicuramente le stesse cose dette da me non avrebbero avuto uguale significato.

Avevamo organizzato un giro della penisola con il catamarano: sette tappe, sette conferenze stampa, sette equipaggi differenti. La partenza il giorno stesso della festa, vale a dire il 14 luglio 2003, l'arrivo previsto il 15 agosto a Savona. Rimini, Pescara, Santa Maria di Leuca, Riposto, Villasimius, Portisco le fermate intermedie. Nelle varie tappe l'instancabile Christian avrebbe organizzato di volta in volta l'accoglienza insieme alle amministrazioni e autorità locali, coinvolgendo l'opinione pubblica e i mezzi di informazione. I nostri amici di Neores, Fior di Maso, Volare, Aon, *Il Giornale di Vicenza* ci avevano dato il loro appoggio economico, erano i nostri sponsor.

Avevamo diversi obiettivi. Il primo era quello di testare la barca, di verificarne il funzionamento e di valutare se le soluzioni adottate erano valide. Tanto più che l'avrei provata con equipaggi diversi e in situazioni diverse. A bordo gli unici fissi saremmo stati io, Lara, Alfredo e Vox, gli altri erano reclutati tra amici abili e non.

Volevo poi cominciare una campagna di sensibilizzazione per spiegare alla gente che le barriere architettoniche costituiscono un grosso problema ma eliminarle e progettare in modo intelligente non è così difficile, come testimonia l'esempio del catamarano.

Se era possibile rendere una barca adatta a un disabile, come mai sembrava così difficile intervenire nelle nostre città? Ogni volta che in Italia vado in un ristorante nuovo, non so mai se ci sarà o meno un bagno accessibile. Non pretendo di incontrare sempre il bagno per disabili « a norma », dove la legge non lo prevede, ma semplicemente un bagno dove io possa entrare e chiudere la porta. E per farlo nel 90% dei casi basterebbe che la porta si aprisse verso l'esterno e non verso l'interno. In Inghilterra le porte dei bagni, per motivi di sicurezza, si aprono tutte verso l'esterno. Se una persona ha un malore in bagno deve poter uscire velocemente ed è molto più semplice spingere una porta per aprirla che tirarla verso di sé. È il principio delle porte antipanico. Inoltre, se uno che si trova in bagno cade, con il corpo bloccherebbe una porta che si aprisse verso l'interno, impedendo il passaggio. Piccole differenze che cambiano profondamente la qualità di vita. Mi sento disabile quando non posso andare in un bagno di un locale pubblico.

Dopo aver cenato e brindato, ballando sulle note di Bob Marley, salutammo tutti e con a bordo tra gli altri Mauro Pelaschier, il mitico timoniere di *Azzurra*, Paolo Bassani, prodiere di *Luna Rossa*, e Francesco Miotto mollammo gli ormeggi alla volta di Rimini.

Dopo una notte di navigazione, trovammo ad attenderci a Rimini, insieme a politici e giornalisti, Alberto Zaccheroni, che in quel periodo allenava l'Inter. Lì incontrai nuovamente Aureli che si diede un gran da fare nell'invitare i giornalisti e nel coinvolgere le associazioni industriali delle città che avremmo toccato. In ogni porto ci riservarono un'accoglienza fantastica.

Abbandonata la riviera romagnola, ripartimmo alla volta di Pescara insieme a Omar e Zeno.

Ricordo una notte Omar al timone. La luna gli illumina il viso. Mi guarda e mi dice in dialetto mestrino: « E pensare che tre anni fa *serimo distira* su un letto *de ospedae* ». Ho riso, ero contento. Era proprio vero. Solo tre anni prima... Ma chi ci avrebbe pensato? Quanto strani e lontani mi apparivano quei giorni, quasi non mi appartenevano più. Era tutto cambiato, la mia vita era tornata alla normalità. Ero felice.

A Brindisi ci accolse un ricchissimo banchetto nel porto da poco inaugurato. A Santa Maria di Leuca, il tacco d'Italia, una stupenda cena allo yacht club dove eravamo ormeggiati. Avevano perfino realizzato una targa in argento per premiare il coraggio dell'iniziativa. A Santa Maria di Leuca ero già stato con mio cugino Massimo, Maurizio e Fabrizio, il comandante di *Shamal*, la barca di mio zio. Eravamo partiti da Lignano destinazione Palma di Maiorca. Eravamo arrivati all'alba dopo diversi giorni di navigazione senza sosta. Eravamo scesi a terra, caffè e due cornetti al cioccolato su una grande terrazza sopra una scogliera. Era il mio primo grande viaggio. E destino ha voluto che quelle brioches su quella terrazza tornassi a mangiarle, questa volta per festeggiare un altro viaggio da poco cominciato, il mio viaggio più emozionante.

Insieme a me in quella tappa c'era anche il mio amico Filippo, di Thiene, futuro notaio e per l'occasione marinaio volontario della barca (parteciperà poi a tutte le tappe di questo secondo giro d'Italia e si rivelerà preziosissimo). E poi Giorgio, il mio terapista shiatsu che gentilmente facevo lavorare anche in vacanza, e Marco, un ingegnere disabile che lavora in un cantiere nautico, costruisce barche a motore ma ama la barca a vela e con i 2.4 ha ritrovato dopo l'incidente la passione e le regate.

Il tempo era bello ma del vento neppure l'ombra e così proseguimmo per molte ore a motore. Parlai a lungo con Marco, confrontammo due modi diversi di andar per mare: sul catamarano ciò che assapori è il viaggio, lo spostamento da un luogo all'altro, l'amicizia con altre persone; su una deriva sei invece da solo e ti importa soltanto di veleggiare, regolare le vele cercando di guadagnare qualche grado per girare la boa prima del tuo avversario. A dispetto di quello che molti pensano, la vela è uno sport democratico, dove ogni classe, quindi ogni tipologia di barca, ha la sua forza e dignità. Non c'è serie A o serie B: il grande campione di Laser, non ha nulla da invidiare a un timoniere di Coppa America. Hanno solo caratteristiche ed esperienze differenti.

A Marina di Riposto, un paesino tra Catania e Taormina dove non c'è praticamente nulla tranne un mercato del pesce, raggiungemmo l'apoteosi: banchetto da Zappalà, il proprietario della marina da poco inaugurata, con mega pranzo postconferenza. Quanta gente, quanti politici. La sera venimmo ospitati alla cena di gala al circolo canottieri del piccolo porto di Onnina. Una terrazza sull'arenile dove riposano i gozzi dei pescatori, dove la Catania bene, uomini con la camicia bianca e donne elegantissime, si scatenava con l'energia dei latini.

Circumnavigare lo stivale mi ha permesso di entrare in contatto con persone differenti, di toccare con mano le caratteristiche di un veneto e di un siciliano. Anche se, immersi com'eravamo in un'atmosfera di vacanza e festa, apprezzavamo l'ospitalità della gente del sud, con i loro pomposi cerimoniali, senza vedere le difficoltà del loro vivere quotidiano.

Dopo aver lasciato Riposto, puntammo la prua verso le Eolie. L'equipaggio della barca era cambiato e con noi, tra gli altri, c'era Alessia, una ragazza di Roma, caduta con un aereo privato l'estate dopo la mia. Me l'aveva presentata Tino, un mio amico di Thiene di vecchia data. In barca con noi c'era anche lui. Ero contento di ritrovare vecchi amici, tutti desiderosi di condividere la mia esperienza e di poter conoscere persone differenti, creare nuove amicizie in un ambiente come la barca in cui tutto è più intimo.

Porto Pignataro è un piccolo porto di Lipari, strapieno ad agosto, ma per noi trovarono un posto. Una sosta al ristorante Dal Filippino, di cui tanto ci aveva parlato Alfredo, e poi via: Panarea, Stromboli, Vulcano. Le giornate scorrevano rapidissime, l'acqua sotto le Pomiciare aveva un colore azzurro unico, ma era già ora di ripartire. Salutando Alicudi e Filicudi da lontano, veleggiando al traverso raggiungemmo Palermo. Vi lascio immaginare l'accoglienza. Al circolo Canottieri, sotto il tendone, assaggiai per la prima volta le panelle, piccole frittate di farina di ceci.

Il povero Vox non se la cavava tanto bene come marinaio. Sopportava il caldo e il mare a mala pena. Ma era così bene educato che non faceva neppure pipì a bordo e aspettava frenetico lo sbarco a terra. Dopo diciassette ore di viaggio, partiti da Santa Maria di Leuca in direzione Catania, dovemmo fermarci in piena notte e attraccare a

Crotone. Sulla banchina del porto sembravamo dei loschi trafficanti di droga invece eravamo solo un gruppo di ragazzi in attesa della pisciata del cane.

Lara era molto preoccupata per la tappa seguente, la traversata Sicilia-Sardegna, e continuava a fare il conto delle miglia per capire esattamente se sarebbe durata diciassette ore o diciassette ore e mezzo. Ma questi conti in mare hanno poco senso perché spesso e volentieri le condizioni meteo obbligano a modificare tutte le previsioni. Decidemmo che Lara e Vox sarebbero tornati a casa da Palermo in aereo, e che Lara ci avrebbe poi raggiunti in Sardegna. Fu una scelta saggia perché la traversata fu veramente dura.

Partimmo con una situazione buona e con bollettini meteo rassicuranti. Che la meteorologia non fosse una scienza esatta lo sapevamo ma non che arrivasse a essere così imprecisa. Vento e mare forza sette affrontati con un equipaggio non proprio preparato. Morale: trentacinque ore di supplizio, un'avaria al motore a dieci miglia dall'arrivo, un monumento ad Alfredo.

C'era Mario, un avvocato palermitano, anche lui in sedia a rotelle, che trascorse almeno trenta ore disteso in cabina, ma da buon siciliano sosteneva di essere stato benissimo. Bist, che si era presentato a bordo con le scarpe di cuoio, per darsi da fare aveva cucinato una pasta alla carbonara, ottima ma per nulla adatta a quel mare. Mio cugino Luca era pallidissimo e a poco servivano le pastiglie di Xamamina. Mirco, che ha un locale notturno, ogni cinque minuti apriva gli occhi ma poi ripiombava nel suo letargo: doveva recuperare un anno di duro lavoro. Per fortuna oltre ad Alfredo, che stoicamente rimase al timone per tutto il viaggio, c'era mio fratello, molto resistente e buon marinaio. Quando ormai Villasimius, la nostra meta di arrivo, era a meno di dieci miglia, un motore si spense, i winches cominciarono a girare da soli, la piattaforma posteriore scese pericolosamente in acqua. Per di più, la sala macchine si allagò completamente, dato che si era rotta una pompa di sentina, e l'impianto elettrico andò in tilt.

Per fortuna la forza bruta di mio fratello riportò la situazione in ordine e arrivammo a destinazione. Ad attenderci c'era mezza Thiene in vacanza a Villasimius. Era notte, eravamo stravolti. Ma l'indomani avremmo dovuto darci un gran da fare, il motore andava smontato pezzo a pezzo e lavato dall'acqua salata. C'era poco tempo. Così, appena svegli, cercammo un meccanico ma nessuno era disponibile, l'unico ricambista della Sardegna, a Olbia, era chiuso. Pazzesco! Non sapevamo più cosa fare quando incontrai Nicola Carbone, un mio compaesano, di cui conoscevo bene il figlio Ricky, con una grande villa in cima a una collina che domina tutta la baia. Erano vent'anni che veniva a Villasimius e aveva la casa più bella e ospitale del posto. Fu lui a risolverci tutti i problemi. Contattò il miglior meccanico della zona e lo mise al lavoro. Per essere sicuro che non perdesse tempo, ogni tre ore andava personalmente a controllarlo. Ogni sera Nicola ci invitava nella sua villa per dei mega aperitivi che si tramutavano in cena. Champagne a volontà, pesce crudo, ravioli e maialino sardo. Nel giro di quattro giorni avevamo il motore rimontato perfettamente funzionante e tre chili in più. Quell'incontro fu miracoloso.

Era arrivato il momento della partenza. Lara ritornò a bordo insieme a Giulio, Valentina, Diego, Giulio Manfredini e Anna. Diego Trevisi, che aveva visto la barca solo a terra, caricata sul camion nel percorso di avvicinamento al Po, rimase esterrefatto. Lui aveva una barca a motore ma da quel giorno la vela gli entrò nel sangue tanto che oggi, insieme a Maurizio Cocco (il nuovo comandante), fa parte dell'equipaggio del catamarano. Costeggiammo tutta la costa est della Sardegna: una distesa di spiagge bianchissime e ancora incontaminate. E poi il nord, la Maddalena e il suo arcipelago, il posto più bello del mondo.

A Portisco, la marina di fronte a Portorotondo, avevamo organizzato una conferenza stampa. A bordo con noi salirono Marco De Benedetti, amministratore delegato della Tim, con la moglie Paola Ferrari. Rimasero colpiti dalla barca, dalla sua bellezza e funzionalità. De Benedetti mise anche a tacere un giornalista che insistente chiedeva quanto fosse costata in più di una barca normale, e gli spiegò un concetto che a me sta molto a cuore: se le cose vengono pensate prima costano uguale. Grazie anche a questo incontro, l'anno dopo avrei coronato un grande sogno: sarei stato sponsorizzato da Telecom e Tim.

Per l'ultima tappa Christian salì in barca con noi. Insieme alla sua ragazza Stefania ci diede prova di semplicità e intelligenza, due aggettivi che gli si addicono perfettamente. Ci fece anche pisciare addosso dalle risate improvvisandosi marinaio o meglio «buttafuori» del genoa. Se ne stava praticamente sul bordo barca e più fuori che dentro spingeva la vela verso l'esterno, come se lui fosse un tangone dello spinnaker. Ma il tangone è un tubo d'acciaio, Christian un essere umano! C'era anche Alessio, il mio compagno di sci.

Lasciata la Sardegna puntammo diretti alla meta finale. Unica sosta nella baia della Rondinara, nel sud est della Corsica. La baia è amplissima e ben organizzata. Si accostò a noi un motoscafo del parasailing, il paracadute ascensionale che permetteva di ammirare la costa dall'alto, grande attrattiva per i turisti. Di slancio chiesi all'autista se avevano mai portato ragazzi disabili. Mi disse di sì. Incoscientemente decisi di provarci con Lara. Salimmo sulla piattaforma del barchino dalla quale io e Lara, che mi caricava sulle spalle, avremmo dovuto spiccare il volo e soprattutto riatterrare. Una strana fortunata coincidenza del destino fece sì che il motore del natante si rompesse lasciando il povero autista in panne e le gambe di Lara intatte.

Il 15 agosto 2003 attraccammo a Savona che ci avrebbe ospitato nel suo grazioso porto cittadino per tutto l'anno.

Quelle poche ore che avevo passato in barca a vela in Inghilterra, dopo l'incidente, mi avevano permesso di tornare ad amare il mare e, credo, la vita. Fu uno scossone che mi ridiede forza e coraggio. Se questo era successo su *Verity K*, una barca tradizionale di dieci metri, che sbanda moltissimo, figuriamoci su un catamarano. Decisi così di provare a mettere in piedi una scuola a vela per disabili. Coinvolsi l'Unità spinale di Pietra Ligure, il primario, il dottor Pilati, e il suo staff. Mi aiutarono anche Mauro Solinas e Beatrice, i fondatori dell'associazione Mare Forza Dieci, che con una pilotina con il fondo di vetro di nome *Il Grillo* portava le scolaresche a conoscere il fondale marino e i suoi abitanti.

Grazie al loro aiuto, dei loro volontari e naturalmente di Christian e Otello, fu una settimana fantastica. Avevamo creato un programma di questo tipo: ogni gruppo era formato da due ragazzi disabili, due accompagnatori, due medici o fisioterapisti. Arrivavano alle nove del mattino e se ne andavano il giorno seguente nel tardo pomeriggio. Occupavano tutte le cabine della barca, mentre io dormivo in albergo. Il tutto gratuitamente, grazie al contributo dei nostri amici che fin dall'inizio avevano deciso di appoggiarci. I ragazzi erano ancora in fase di ricovero o dimessi da poco. Volevo che partecipassero anche i medici per capire quale potesse essere il significato riabilitativo di un'esperienza del genere.

Uno di loro, Luca Losio, si appassionò a tal punto all'iniziativa, che sarebbe venuto sempre con noi durante le sue ferie. I ragazzi erano coinvolti nelle attività di bordo e dopo una breve lezione teorica erano pronti per portare la barca. « Orza, dai, adesso vira, stringi di più il vento. » Alfredo era aiutato da un assistente d'eccezione, Paolo Bassani.

Ci furono momenti emozionanti, bellissimi. Una frase detta da uno dei ragazzi mentre timonava: « Il senso di libertà che provo su questa barca, con il vento in faccia, mi ricorda quando guidavo la moto. Era da prima dell'incidente che non vivevo simili sensazioni ». Il ringraziamento di Fabio, un ragazzo di Genova, che aveva potuto fare un'esperienza del genere insieme a suo figlio piccolo. Tutto questo ci faceva capire che stavamo andando nella direzione giusta.

I volontari di Mare Forza Dieci si davano un gran da fare, di giorno con le vele, di sera con delle fantastiche trofie al pesto.

Una sera arrivò anche Maurizio Wurz, uno dei massimi esperti di cetologia al mondo, con sua moglie Nadia ottima cuoca. Cucinò del pesce, preso dai suoi amici pescatori. Prima moscardini alla ligure, poi appassionante lezione con video e filmati su stenelle e balene.

Visto il successo della « settimana », capii che doveva diventare un appuntamento fisso. Per l'anno seguente avevo uno scopo: fondare un'associazione e realizzare una scuola a vela per ragazzi disabili, diverse settimane in giro per l'Italia.

Il nome dell'associazione fu facile. Lo Spirito di Stella O.N.L.U.S. mi piaceva parecchio. Soci fondatori, oltre a tutta la mia famiglia, Otello, Christian e Diego Finco, un amico commercialista, amante come me della vela. Trovavano così una giusta collocazione giuridica quegli obiettivi che da qualche tempo portavamo avanti: la caduta delle barriere architettoniche, la progettazione per tutti, l'integrazione, la promozione degli sport per disabili (vela, sci, quad e canoa) e poi tutte le altre cose che la fervida e inarrestabile mente di Otello avrebbe partorito.

Contreas espose *Lo Spirito di Stella* al Salone Nautico di Genova.

« Che bello andare in fiera e poter salire finalmente su una barca. » Con questa frase, una ragazza disabile che visitava il catamarano ci ripagò tutti quanti degli sforzi fatti. La barca e l'iniziativa che stavamo portando avanti suscitò un buon interesse tra giornalisti e addetti ai lavori del Salone.

Avevo chiuso il primo anno di attività della barca con un ottimo risultato: una rassegna stampa corposa e tanta soddisfazione. Cominciai così a cercare degli sponsor che potessero sostenere un progetto più ambizioso. Grazie alla conoscenza di Marco De Benedetti, alla fine approdai in Telecom.

Il primo appuntamento con Andrea Kerbaker, l'amministratore delegato di Telecom Progetto Italia, si svolse a Milano in pieno centro, in un palazzo dove appena sei entrato ti chiedono il documento di identità, ti schedano e ti danno un pass. Sesto piano. « Vedrai, Otello, qui in cinque minuti ce la caviamo. Un sì o un no, ma sicuramente non avranno molto tempo da dedicarci. » Quasi due ore durò il colloquio con Kerbaker che si dimostrò entusiasta e dichiarò che il nostro progetto si inquadrava perfettamente nella loro filosofia aziendale.

Decidemmo un programma di base. Prima otto settimane di scuola a vela gratuita per persone disabili, medici e fisioterapisti in giro per l'Italia. Otto le località previste: Savona, Genova, Isola d'Elba, Ostia, Porto Torres, Riposto, Rimini Iesolo. Sarebbe stato il mio secondo giro d'Italia. Poi, a ottobre 2004, partenza da Genova, in concomitanza con il Salone Nautico, e destinazione Miami. Un viaggio mio, un viaggio del ritorno ma concepito e strutturato per poter condividere l'esperienza con altri ragazzi disabili e comunicare al mondo che un disabile può fare molte cose, anche una traversata atlantica. Ma per farle deve essere messo nelle condizioni adatte: in una barca dove potersi muovere, o in un bagno di un ristorante dove poter entrare.

Da qui nacquero altri due progetti collaterali. Il primo, chiamato da noi « progetto tecnologico » doveva dimostrare che un disabile può inserirsi perfettamente nel mondo del lavoro. Nel nostro caso, Angelo prima e Omar poi, entrambi disabili, si sarebbero occupati di tutte le riprese a bordo durante la traversata atlantica. Un compito importantissimo, dato che quelle sarebbero state le uniche immagini a nostra disposizione. I due avrebbero seguito un corso per utilizzare una telecamera professionale. Avremmo avuto un partner tecnico, la Sec Servizi, che ci avrebbe fornito tutto l'hardware, telecamere professionali, impianti per l'editing. Il secondo progetto era in collaborazione con l'Università di medicina di Cassino. Volevamo verificare attraverso un attento monitoraggio i parametri fisiologici di tutto l'equipaggio durante la traversata. Si sarebbero così potuti comparare persone disabili, sportivi, e persone « normali ».

Oltre a Tim-Progetto Italia, l'altro sponsor sarebbe stato Locafit-Bnl, insieme ai partner tecnici, Lotto, Zanella, Sec, Aon.

L'impresa aveva messo le ali. Ora si trattava di farla decollare. Ci riuscimmo con il secondo giro d'Italia, di cui fu ancora padrino Carlo Ancelotti.

6

IL SECONDO GIRO D'ITALIA

La prima settimana del «giro» si concluse a Savona con un successo: i ragazzi dell'Unità Spinale di Pietra Ligure e le associazioni di disabili di Genova erano entusiasti.

Io non sarei sempre stato a bordo. Io e Lara avevamo deciso di sposarci a giugno e quindi ero impegnato nei preparativi del matrimonio. Avrei cercato di partecipare ai trasferimenti, ma a ogni tappa sarei dovuto scendere qualche giorno. Ma in quel giro d'Italia, durante quelle «fughe» avrei assaporato dei momenti fantastici.

Usciti dal porto di Savona, con al traverso il vento di tramontana, veleggiammo fino all'isolotto di Bergeggi, appena prima di Capo Noli. Gettammo l'ancora alla fonda in un'acqua verde come quella della Costa Smeralda e mi ritrovai ad ammirare ancora una volta le casette colorate ai piedi della montagna, a poche centinaia di metri. Uno scenario suggestivo con i miei elementi preferiti, e quell'acqua verde-azzurro che mi ricorda quella dell'isola di Budelli in Sardegna, la più bella del mondo. Ogni volta mi stupisco di fronte alle incredibili bellezze italiane, alle piccole perle del nostro paese.

Ero a casa quando Alfredo e i ragazzi partirono da Genova. Il bollettino dava brutto: tempesta, mare forza sette, Alfredo aveva deciso di fermarsi a La Spezia, nonostante i tempi ristretti e le conferenze stampa non voleva rischiare. Alfredo è un bravissimo capitano, ho piena fiducia in lui. Ma quella sera non riuscivo a mettermi in contatto con nessuno dell'equipaggio, eppure dovevano essere arrivati. Le nove, le dieci, le undici... Mi chiama il papà di Loretta, una ragazza di Porto Torres che era sul catamarano per uno *stage*. «Non si preoccupi, stiamo navigando», mento io. «Va bene, sono più tranquillo perché qui in Sardegna è molto brutto, c'è mare e vento.» Mi agito ancora di più: perché non ho ancora comprato il satellitare? Penso al peggio. Finalmente mi chiamano: il tempo era meglio del previsto, non si sono fermati e sono arrivati all'isola di Capraia.

Li raggiunsi all'Elba e passammo tre giorni molto intensi con i ragazzi dell'Unità spinale di Firenze. Paolo, uno di loro, era un medico specializzando che aveva fatto un incidente sei mesi prima. Ho un'ammirazione particolare per i chirurghi, alla fin fine io nella sfiga ne ho trovato uno che mi ha salvato la vita. Chiesi a Paolo se sapeva che aveva la possibilità di operare, anche se paraplegico. In quel periodo c'erano solo quattro chirurghi disabili al mondo, uno anche in Italia, mio amico, che si chiama Paolo Anibaldi. Paolo mi rispose che ci aveva pensato però era molto faticoso. Durante la specializzazione si operava anche per tantissime ore di fila: si entrava in sala operatoria la mattina, si usciva la sera dopo. Era una scelta pesantissima per chiunque. Lui comunque mi sembrava un ragazzo molto forte solo per il fatto di aver deciso di continuare a fare il medico. Chiacchierammo a lungo. Gli chiesi cosa sapeva dei disabili prima dell'incidente. «Poco, pochissimo, pensavo non potesse esistere una vita, credevo che finisse tutto. E invece ci sono molte possibilità. Noi disabili dovremmo insegnare a noi medici che un disabile può fare tantissime cose.» Quelle parole mi diedero forza, ciò che stavo facendo con il catamarano serviva a qualcosa.

All'Elba conoscemmo i ragazzi della comunità di tossicodipendenti di «Stani». All'interno di un grande casale patrizio, ristrutturato, avevano creato un agriturismo e un ristorante gestiti da loro e aperti ai turisti. Assaggiammo piatti dai sapori particolari, un incrocio di spezie provenienti da lontano, ben diverso dall'appiattimento che la moda dei nostri giorni impone a tanti menu dei locali più frequentati. Con i ragazzi della comunità si creò un rapporto forte, il mio gruppo ne rimase incantato. Ma quando si è in vacanza, è facile vedere solo il bello. Stani mi confidò anche i grossi problemi, i forti scontri, ma soprattutto le difficoltà di reintegrazione di questi ragazzi in una società che da una parte richiede risultati immediati, dall'altra sbatte loro in faccia egoismi e cattiverie. È facile ricaderci. Spiegai a Stani la mia visione romantica della comunità, gli dissi che i ragazzi mi sembravano esseri puri che insieme a lui avevano riscoperto i valori fondamentali della vita e che quindi erano diventati persone migliori. Mi guardò come se fossi un bambino ingenuo, mi chiese se avevo bevuto e mi invitò a tornare un'altra volta per quindici giorni. Io sono un'entusiasta di fronte a posti e persone nuove, parto in quarta con mille progetti. Decisi subito che prima o poi mi sarei trasferito lì definitivamente. Alla fine ovviamente non tutti i miei programmi si avverano. Ma è bello così.

Mentre siamo al Giglio mi arriva un messaggio sul telefonino: «Sono Faycal, sono a Granada e sono quasi morto. A presto». Faycal è un amico marocchino, compagno di avventure a Salamanca, durante l'Erasmus. Ogni tanto risbuca fuori, mi chiama, mi dice che è in Italia. Cos'è successo? Lo chiamo e mi dice che è appena uscito dalla terapia intensiva: è stato investito da una moto mentre era a piedi, per fortuna ora sta bene. Mi tranquillizzo, Faycal mi è molto simpatico, lo dimetteranno fra pochi giorni. Mi chiede come va la barca e mi dice che verrà in Italia a fine maggio per lavorare a Venezia su una barca per turisti. Lo invito al matrimonio. Eh sì, fra poco mi sposo.

Stiamo andando a Giannutri. Sto fuori anche se fa freddo. Ho voglia di starmene un po' a guardare il mare, ho voglia di chiacchierare con Omar e Filippo. A volte in tutto 'sto casino alla fine trascuro Lara, gli amici, me stesso, il mare. Telefonino, intervista, organizzazione, nuove idee. Devo assaporare il momento, fermarmi un po'... Il telefonino non prende, Lara è a casa, sa che ci stiamo dirigendo in porto e se non mi sente si preoccuperà tantissimo.

Durante il trasferimento da Giannutri a Ostia si instaurò una particolare sintonia con l'equipaggio. Soprattutto con Paolino Forzano, un ingegnere in pensione amico di Alfredo, Filippo e l'immancabile Omar. Per Omar era una prova in vista della più lunga e impegnativa traversata atlantica. E poi con Loretta e Tommi, il suo *tutor*. E il marinaio volontario Paolo Conte, 64 anni, fisico scolpito, mai stato in barca prima.

Gli equipaggi dello *Spirito di Stella* erano spesso fatti da persone differenti per età, carattere, esperienze. Non mancavano i momenti di tensione, ma alla fine predominava sempre l'energia e l'allegria del gruppo. Nonostante il detto che in barca si rompono le migliori amicizie, l'atmosfera era ottima e credo che l'idea di portare avanti un programma di aiuto e supporto ad altre persone sia stato un collante non da poco.

La settimana di Ostia fu speciale. I ragazzi del CTO, pallidissimi, venivano direttamente dalla loro «suite» dell'ospedale. Erano tutti incidentati da poco. Ma da buoni romani, reagirono in modo « gaiardo ». Timonarono, si godettero il mare, si presero in giro fra loro, soprattutto romanisti e laziali. La loro allegria caciaresca sembrava prevalere sulle difficoltà della loro nuova condizione. L'aria di mare sulla faccia, l'acqua azzurra, un sole che non lasciava spazio alle malinconie facevano il resto.

Alla conferenza stampa finale, a cui partecipò anche Sinisa Mihajlovic, a quel tempo difensore della Lazio, mi colpirono le parole della primaria del CTO: « Per la prima volta ho visto sorridere alcuni di questi ragazzi ». Erano tutti in fase di ricovero e se pensavo a come ero messo io a pochi mesi dall'incidente non stentavo a crederle. Perché la riabilitazione post trauma è il momento peggiore.

Sempre a Ostia, mentre correvo con le mie ruote lungo la banchina, notai uno strano tipo dai capelli lunghi e brizzolati su un catamarano con gli oblò blu. Aveva il viso sporco di vernice bianca: stava riverniciando l'ancora. Mi fermò e mi chiese se l'anno precedente ero alle Eolie. Mi aveva visto e aveva fatto anche il giro a nuoto intorno alla barca. Strana storia la sua: poco più di quarant'anni, dieci figli con la stessa moglie, viveva in Austria sei mesi all'anno dove era il proprietario di un centro benessere. Gli altri sei li passava in barca con tutta la famiglia. I suoi figli non andavano a scuola, era lui il loro insegnante. Ognuno di loro era nato in un posto diverso. Parlammo del Brasile: anche lui conosceva Alto Paraiso. Era la prima persona che incontravo che era stata in quel posto magico. Sentii che avevamo molte cose in comune. A volte mi succede di conoscere alcune persone con le quali si crea subito un clima particolare, soprattutto se hanno provato esperienze di meditazione e hanno impostato la loro vita secondo una strada ben definita. In questi casi è facile capirsi, anche senza bisogno di spiegare: basta raccontare un pensiero e ci si trova subito sintonizzati sulla stessa lunghezza d'onda. Una comprensione immediata, sentita dal corpo e non filtrata attraverso il ragionamento, una sorta di illuminazione che non ti fa però gridare al miracolo ma ti scorre dentro fluida come qualcosa che già ti appartiene e di cui probabilmente non ti eri mai reso conto.

Raccontai a quello strano tipo la mia storia: Fort Lauderdale, Isle of Venice... « Isle of Venice? » mi interruppe lui. « Uno dei miei figli è nato lì, proprio su questo catamarano con gli oblò blu. » Tombola!

Era una coincidenza incredibile, ma lì per lì non mi stupì più di tanto. Ero entrato ormai in una dimensione più meditativa e spirituale che mi faceva provare un senso di normalità anche di fronte a eventi eccezionali.

Quel maggio, la nazionale inglese di calcio andava in ritiro a Fort Village ad allenarsi per gli imminenti europei. Carmignani, il preparatore atletico, era amico di Otello. Portammo la barca a Porto Teulada, a mezz'ora di auto da lì. Avevamo in mente di invitare Sven Goran Eriksson, il mister della nazionale, e qualche giocatore a vedere la barca. Speravamo di beccare Beckham, dato che vale la regola che sono i campioni a far parlare i giornali. Assistemmo a diversi allenamenti. Eravamo gli unici ammessi perché incombeva il pericolo terrorismo. Fu emozionante vedere palleggiare a bordo campo Owen, Rooney e lo stesso Beckham.

Quando ebbe un pomeriggio libero, Eriksson venne con noi a vedere la barca. Ai giocatori non fu permesso di uscire dal ritiro per ragioni di sicurezza. Il tecnico svedese si rivelò un profondo conoscitore di sport per disabili. Seguiva con passione il rugby in carrozzina, specialità della quale io stesso ignoravo l'esistenza. Mi spiegò che in Svezia c'era un grosso centro di riabilitazione per disabili e ogni anno venivano organizzate gare di sport diversi con atleti provenienti da tutto il mondo. Per lui era normale frequentare una persona disabile, tifare per una squadra in carrozzina. Nelle sue parole non coglievo né retorica né pietismo e neppure quel senso di smarrimento o stupore che a volte intuisco nelle persone che incontro. Il suo atteggiamento rafforzò la mia convinzione che solo abbattendo le barriere architettoniche si potranno vedere molte più carrozzine in giro e cadranno le famose barriere culturali. La Svezia nella sua quotidianità ne è un esempio.

Ai primi di giugno eravamo a Riposto. Avevamo un feeling magico con quel luogo. Per noi era diventata una tappa di rigore. Più che scuola a vela si faceva scuola di cucina ormeggiati a Giardini Naxos sotto Taormina.

Alla fine della settimana arrivò Ancelotti. Conferenza stampa spumeggiante con il mister in veste di presentatore. Era in vacanza, raggiante perché aveva appena vinto lo scudetto con il Milan.

Dopo la conferenza, sottraendoci a fatica a un enorme banchetto offertoci dalla Marina di Riposto lasciammo gli ormeggi alla volta di Lipari. Ancelotti salì a bordo con la famiglia. Subito un brivido. In un momento di distrazione, mentre era inserito il pilota automatico, facemmo il pelo a una pilotina di un pescatore. Gli passammo così vicino da lasciarlo con la bocca aperta e il braccio alzato che accompagnava la lenza. Passata la paura cominciò la vacanza. Gli Ancelotti erano proprio una bella famiglia unita, con i figli grandi che ancora trascorrono le vacanze con i genitori. Mi emozionai a conoscere nella sua intimità una persona famosa, anzi un mito, da buon tifoso milanista, e ad apprezzarne i valori. Stetti insieme a loro due giorni. A Portorosa, di fianco a Milazzo, ancora in «continente siculo », scesi con Filippo. Mio fratello, ormai marinaio di Ancelotti, ci diede il cambio conducendo con Alfredo la barca alle Eolie.

Rimini era la penultima tappa. Scesi per la conferenza stampa. Testimonial erano Alex De Angelis e Zaccheroni. Il giovane motociclista era simpatico e colsi l'occasione per invitarlo al corso di quad ad Asiago che avremmo fatto come Associazione a settembre. Era Omar a organizzare il corso di sci d'inverno e di quad d'estate per disabili. Dopo tre giorni, erano tutti in grado di venir giù dalle montagne come matti. Daniele Scarpa, oro olimpico di canoa ai Giochi di Atlanta nel 1996, veneziano doc, un gigante buono, enorme, con la testa rasata, e la sua compagna Sandra Truccolo, campionessa paralimpica di tiro con l'arco, oro a Sydney nel 2000, si occupavano invece dei corsi di canoa per disabili. Insieme portano avanti un fantastico progetto dal nome simbolico « Canoa Republic ». Insegnano a ragazzi abili e disabili l'amore per la canoa polinesiana e organizzano fantastiche spedizioni per partecipare ai campionati del mondo.

A Iesolo conobbi Candido Cannavò. Quel mago di Otello era riuscito a far conoscere all'ex direttore della *Gazzetta dello Sport* la nostra iniziativa e a convincerlo a venire a trovarci in catamarano. Rimase a bordo tre ore. Una persona fantastica. Siciliano, un mito del giornalismo, si è interessato alla nostra avventura con curiosità sincera. La sua semplicità è quella dei grandi. L'indomani scrisse un bellissimo articolo in prima pagina.

Quella sera andammo nella piazza principale di Iesolo a sentire la presentazione del suo ultimo libro, dedicato ai carcerati di San Vittore di Milano. Una delle esperienze umane più importanti della sua vita. Anche queste, storie che sanno insegnare.

A Schio, con i ragazzi disabili, i «piccolini» della neuropsichiatria, si chiuse l'ultima settimana. Visi sorridenti, facce contente. Una soddisfazione. Quello che avevamo fatto era importante. Tutte le persone che hanno collaborato al progetto, a cui va il mio grazie, hanno sicuramente dato molto, sacrificando tempo, energie, denaro. Ma credo che abbiano ricevuto altrettanto. Aiutare gli altri e diffondere un messaggio positivo dà una strana energia, che si identifica con l'allegria, il divertimento, la gioia e che fa sentire vivi. È una sensazione lontana da quella beneficenza ostentata che poco arricchisce chi la fa.

Fu questo che scoprii con il giro d'Italia: un modo dinamico, affascinante, per nulla noioso, di vivere la solidarietà.

Io e Lara ci sposammo il 26 giugno 2004. Avevamo deciso in fretta e furia. Il matrimonio venne celebrato in comune. Volevamo una cosa informale, ma con tanti amici.

Mirco si offrì di organizzare la festa da lui. Ha una villa con un'ala intera occupata da un bar-ristorante e un grande giardino adatto ai matrimoni. Io e Lara vivevamo insieme ormai da quasi tre anni. In casa avevamo tutto. Non ci serviva niente e non volevamo riempirci di vasi e oggetti inutili. Conoscevamo padre Ireneo, un frate molto particolare. È un personaggio dal cuore d'oro che ha dedicato la vita agli altri, in particolare al recupero dei tossicodipendenti. Ha fondato una comunità, Sankalpa. Ha lottato contro tutti, molto spesso contro le stesse strutture ecclesiastiche. È un anarchico in senso positivo, lontano dalle gerarchie. Un vero cristiano. Aveva un progetto in Brasile: voleva costruire una casa di accoglienza all'interno di una *favela*, in un paese vicino a Recife. Chiedemmo un contributo a tutti gli invitati che risposero generosamente. Ora la casa è in piena attività.

Per il matrimonio andai dal mio sarto e scelsi un vestito abbastanza classico. Ma Bist e Giulio, i miei consulenti, me lo bocciarono. Avrei dovuto optare per qualcosa di più originale. Se lo diceva Bist, il re dell'eleganza, c'era da preoccuparsi. In un grande negozio di tessuti trovammo una stoffa di seta color bronzo, cangiante. Il sarto fece il resto. Le sartine prepararono la camicia con i volant da portare aperta senza cravatta. Sembravo Al Pacino in *Carlito's Way*.

Lara era bellissima. Capelli raccolti, come piace a me, spalle scoperte, un vestito lungo color burro. Non avevo mai visto una sposa più bella.

In comune Cherly Porter e il suo coro cantarono il gospel. Cherly, un'amica di Mirco, è una cantante di colore bravissima, che ha cantato anche al matrimonio di Pavarotti. La gente era commossa. C'erano quasi trecento persone. Mia nonna ballava. E poi tutti nella villa di Mirco.

L'autista era Diego con una Jaguar di famiglia blu fin troppo perfetta. Interno pelle ghiaccio e tavolini in radica.

Mirco aveva fatto le cose in grande. Dieci gazebo nel prato d'ingresso ospitavano un mega aperitivo. C'era di tutto. Io e Lara non riuscimmo a toccare quasi cibo. In compenso io iniziai a bere come una spugna. Barry White con la voce di Larry, il cantante di piano bar, accompagnava la cena. Io parlai al microfono con una certa disinvoltura. Biascicavo le parole. Si scatenarono tutti. Io e Lara ce ne andammo alle tre del mattino, gli ultimi alle sette.

La meta del nostro viaggio di nozze era l'Islanda. Ci affascinava l'idea di passare dieci giorni in quel posto remoto. Avevamo affittato un'auto e deciso di fare il giro dell'isola, cambiando ogni sera albergo e paesino. Intorno all'Islanda si snoda un'unica strada circolare che si può percorrere in entrambi i sensi. In aereo conoscemmo altri due ragazzi che erano in viaggio di nozze. Facevano lo stesso nostro giro, solo al contrario.

Atterrammo a Reykjavík alle due di notte. Andammo in albergo con la macchina e uscimmo subito dopo. C'era il sole. D'estate non tramonta mai, è sempre chiaro.

L'indomani andammo a vedere i geyser, i poderosi getti di vapore acqueo, le cascate di Gullfoss e il paesino di Vík che raggiungemmo attraverso un paesaggio verdeggiante ricco di cascate. Il paesino avrà avuto al massimo duecento anime, c'era un solo albergo. Per cena la scelta era tra il bar della stazione degli autobus e un ristorantino a cento metri di distanza. Optammo per il ristorantino. Zuppa d'agnello, specialità islandese. Buona ma carissima. L'unica pecca dell'Islanda sono i prezzi.

Ogni giorno ammiravamo paesaggi incredibili, altipiani di lava nera, dune rosso amaranto, sorgenti naturali, cascate. A metà viaggio raggiungemmo quella che è considerata una tra le sette meraviglie del mondo, il lago Mývatn, formatosi per il riempimento di crateri di vulcani. Pareva disegnato con i suoi ghirigori continui, come fossero tanti quadrifogli uniti insieme. A pochi passi dal lago, vulcani imponenti e laghetti naturali di acqua termale. Facemmo il bagno in uno di questi. C'erano non più di 10 gradi fuori e 40 in acqua. Bellissimo.

Ci concedemmo anche un giro con un piccolo aereo. Sorvolammo l'Islanda fino a sud dove comincia il Vatnajökull, il ghiacciaio più grande d'Europa. Sorvolammo molti vulcani, il più affascinante, l'Askja, con una caldera di acqua calda sulla sommità. Al Mývatn incontrammo gli altri sposini. Anche loro erano entusiasti. La nostra auto era sporchissima, dopo cena ci accompagnarono in un autolavaggio. In Islanda gli autolavaggi sono fai da te e gratuiti, aperti ventiquattr'ore su ventiquattro. Il fatto eccezionale, lì, è che la tua giornata può non finire mai. Puoi andare a visitare un vulcano o una sorgente a qualsiasi ora o lavare l'auto in piena notte, tanto c'è sempre luce.

Ogni giorno esploravamo qualche sentiero mettendo a dura prova la nostra Golf con fondo rinforzato. In Islanda tutte le strade erano sterrate, tranne la 1, quella circolare, che è asfaltata all'80%. Proseguimmo per Husavík dove abbiamo visto le balene. Poi ritorno a Reykjavík.

Chiamammo Oba, una terapista islandese conosciuta ad Abano tre anni prima durante il trattamento craniosacrale. Ci riabbracciammo. Sembrava fossero passate solo poche ore dall'ultima volta che c'eravamo visti, tanta era la famigliarità e la confidenza con quel donnone dal viso buono che emanava serenità. Alle dieci di sera, dopo aver comprato dei panini da asporto, ci portò con la sua jeep a visitare i dintorni di Reykjavík: luoghi meravigliosi, carichi di energia. Ci disse che una di quelle zone era il *chakra* del cuore dell'Islanda. Anche la Madre Terra ha i suoi *chakra*. Era vero.

7

BACK TO USA

Genova, Stadio dell'Acqua, 14 ottobre 2004

Otto di mattina. Fa freddo. La barca è pulita, pronta per la partenza. Incredibile, qualche ora fa era tutto sottosopra: fili, cavi elettrici ovunque. Che casino. Ora tutto è scomparso. Ale Brasile, un mio amico fotografo molto bravo, scatta alcune polaroid. Bellissime. Le previsioni meteo sono pessime. Dove vogliamo andare? È tutto grigio e cupo. Mi dicono che forse faremo una finta partenza a beneficio della stampa per poi riparare dietro l'angolo. Che tristezza, speriamo di no. Intanto dobbiamo spostarci dal Porto antico allo Stadio dell'Acqua, all'interno del Salone Nautico. Un miglio. È un'ansa del mare che forma un bacino abbastanza protetto adatto a manifestazioni, dimostrazioni acquatiche. C'è un sacco di gente, facciamo lo slalom tra le boe gialle. Tutto bene. Ormeggiamo.

Anche stavolta lo studio Sorato con Otello e Christian ha organizzato alla grande.

La presentatrice è Lia Capizzi di Sky, una ragazza di Padova, che conduce *Vincenti*, la vecchia *SportHandicap* con Dody Nicolussi. Molti giornali e televisioni. A bordo con noi per questa prima tappa c'è anche Giovanni Soldini, un mito. L'ho conosciuto ad aprile a Genova durante la Millevele Telecom Italia. Eravamo ormeggiati di fianco alla sua bestia, il suo trimarano tanto largo quanto lungo, trentotto nodi di punta, una barca che fa venire l'adrenalina solo a vederla. Giovanni, all'apparenza schivo e timido, è simpaticissimo.

C'è veramente tanta gente, non me ne rendo conto. Tante scolaresche. Gli amici: Filippo, Nicola, Matteo, Diego Finco. E papà, mamma, Ale. C'è anche Lara ma è venuta per salutarmi. Non parteciperà alla prima parte del viaggio, si imbarcherà per fare l'Atlantico. Anche Omar rimane a terra ma farà parte anche lui del «gruppo traversata». È sorridente e se la gode.

Abbiamo diviso questo viaggio che ci condurrà a Miami in tre grandi blocchi, tre grandi equipaggi. Alfredo sempre a bordo, vero comandante. La prima tappa parte da Genova e attraverso fermate intermedie arriva a Lanzarote. Dall'isola delle Canarie si salperà poi per l'oceano, destinazione Antigua. Durante questa tappa, insieme a una ventina di altre imbarcazioni, parteciperemo a una regata atlantica, la RAC, Rubicon Antigua Challenge, nata col pretesto di permettere il trasferimento delle barche dall'Europa ai Caraibi, ma diventata nel corso del tempo sempre più competitiva. Alfredo avrà come co-skipper Mauro Pelaschier. Lasceremo poi Antigua per raggiungere finalmente Miami. Più o meno 6000 miglia, quasi 12.000 chilometri la distanza in linea retta. Naturalmente a vela si va bordeggiando, non potendo andare contro vento, e la retta che congiunge i due punti sarà sempre inferiore alla distanza realmente percorsa.

Presentazione dell'equipaggio all'americana, tutti per nome e cognome. Alfredo Guerrieri, Paolo Forzano, Alfonso Siciniano, Angelo Toniolo, Roberto Vezzaro, Daniele Scarpa, Sandra Truccolo, Nicola Allegri, Adam Malingri, Margherita Pelaschier, figlia di Mauro, e naturalmente Giovanni Soldini.

Alfonso, anche lui comandante, è amico di lunga data di Alfredo. Angelo abita a pochi chilometri da casa mia, abbiamo la stessa mania... andare in giro con la seggiolina a rotelle. E anche le stesse passioni: ama la vela e fa regate con i 2.4 con il circolo di Chioggia, un gruppo al quale sono iscritto anch'io, gente festosa e divertente. E poi d'inverno, lo sci, che è la mia specialità e perciò lo batto sempre. Roberto è un suo amico, ci conosciamo poco: capelli e barba rossa, spara battute a raffica, sembra simpatico. Nicola Allegri e Adam sono i due cameramen. Professionali ma pronti allo scherzo. Adam è un fenomeno: con la bocca suona la batteria e mille altri strumenti. È nato in America, a Los Angeles, ma vive a Gubbio. Preferisce l'Italia ma non ha perso il ritmo dei rapper americani. Nicola è un *free lance* che fa reportage e gira il mondo raccontando storie. Racconterà questa prima tappa da Genova a Tolone. Io, Giovanni, Adam, Margherita e Nicola sbarcheremo a Tolone.

Siamo tutti in barca, gli altri a terra ci salutano, si parte. Usciti dal bacino veniamo scortati da una nave della Marina Militare, piena di gente. Ci sono anche sessanta ragazzi dell'Associazione Rainbow, che organizza attività sportive e ricreative per ragazzi con disabilità varie, capitanata da Matteo Bof, *stuntman* e surfista che ora si è dato al kyte. Matteo ha dato una grossa mano a Christian nell'organizzazione di questo evento. Siamo tutti tesi e preoccupati.

Spegniamo i motori e issiamo le vele. L'equipaggio corre frenetico avanti e indietro, e poi silenzio. Stiamo veleggiando. È bellissimo! Non me ne rendo ancora conto. Salutiamo gli amici della nave, i giornalisti che ci hanno seguito con il gommone e Bof che ci accompagna con la sua moto d'acqua. Lentamente diventano sempre più piccoli fino a sparire.

C'è un po' di vento e riusciamo a mettere il gennaker.

Nove nodi è un bell'andare. Abbiamo anche un cuoco d'eccezione: Soldini si mette subito ai fornelli. Si è fatta l'una, abbiamo fame. « Dove è la cipolla? Dove è l'aglio? Ma come fanno a mancare questi ingredienti? » Gli dico che la colpa è di Pelaschier che aveva voluto tutto liofilizzato per non imbarcare una cambusa troppo pesante. Giovanni se la ride. Io mi godo il timone, Alfredo regola le vele e via verso la Francia. Il tempo sembra migliorato anche se è ancora freddo e coperto. Arriva la pasta. Un sugo pronto al pesto ci ha salvato dalla cattiva fama. Ci gustiamo questo meritato pasto. Si ride e si scherza come se fossimo tutti amici da una vita. La barca è anche questo, amicizia, solidarietà, serenità, sintonia e voglia di stare insieme e adoperarsi per raggiungere al meglio gli obiettivi prestabiliti. Cala il vento e purtroppo dobbiamo accendere i motori per mantenere la velocità. Inizia anche a piovere ma alcuni delfini ci accompagnano per un po' salutandoci con i loro tuffi. Al tramonto, una splendida luce rossastra illumina la dinette dagli oblò gocciolanti. Nicola ne approfitta per fare delle foto assai suggestive. Ne uscirà un racconto di viaggio di sei pagine, pubblicato su *Gente*, molto interessante.

Arriva l'ora di cena. Roberto, il cuoco di turno, da buon vicentino riscatta la magra figura fatta con le cipolle e ci prepara un'abbondante carbonara. Nel frattempo, aperitivo con vino rosso e salame. Mangiare e bere insieme è una delle cose che amo di più. L'aperitivo poi porta allegria e condivisione. È un momento senza aspettative, può durare il tempo di un prosecco o trasformarsi in una cena divertente.

La notte è fredda. Bisogna organizzarsi per i turni al timone. La stanchezza comincia a farsi sentire e i più assonnati scendono in cabina. Io mi alternerò con Angelo. La notte è piena di stelle.

Tolone, 15 ottobre 2004

Arriviamo con una pioggia fittissima. Nel bacino portuale si sta muovendo un'enorme portaerei. La lasciamo alle spalle e tentiamo di attraccare al distributore. Sembra che il tempo peggiori. Facciamo rifornimento e ci consigliano di spostarci in un porticciolo più piccolo e riparato.

Si mette a piovere forte e la barca dovrà rimanere qui forse per qualche giorno. Giovanni ci dà una mano a sistemare il computer di bordo e il telefono satellitare. Lui « un po' » di esperienza ce l'ha. Sa fare tutto. Ma d'altronde in mezzo al mare, da solo in regata intorno al mondo, a chi deleghi? Che bello conoscerlo in barca, nel suo mondo. In barca dove si è un po' tutti uguali, dove non ci si dà del lei. Dove le balle e le leggende sono subito smascherate.

Io, Giovanni, Nicola, Margherita e Adam abbandoniamo il gruppo, rientriamo in Italia. Viene a prenderci Lara. Al nostro posto salgono i due figli di Alfredo.

Giovanni ha 39 di febbre. « Secondo me è la prima traversata che fai », gli dico. Bollito dalla febbre riesce anche a sorridere. E a mangiare. Questa volta un sugo vero con cipolla e pomodoro. Lara ci ha portato una cassetta di cipolle. Con suo grande sollievo, visto che era inorridita al pensiero di mangiare sughi preconfezionati o peggio ancora liofilizzati per un lungo periodo.

Ci mettiamo in viaggio verso casa. Stipati in sei fino a Cannes dove lasciamo Nicola. E poi dritti in Italia. Portiamo Adam a Genova e Giovanni a Sarzana. Abita in mezzo a un bosco in un posto magnifico, più adatto a un boscaiolo che a un marinaio.

E finalmente arriviamo a Thiene. Lara, infaticabile, sempre alla guida.

Thiene, 16-22 ottobre 2004

Mi sveglio nel nostro letto a Thiene, all'asciutto. Rimango in contatto con la barca tramite il diario di bordo che mi spediscono via e-mail. Sono praticamente in viaggio con loro.

Sono costretti a fermarsi alcuni giorni per il maltempo. Provano a uscire ma devono ripiegare. Davanti a loro il golfo del Leone, una bestia nera. Io non ci ho mai navigato, e un po' mi dispiace. Il 18 attraversano il golfo e approdano a Barcellona. Che sollievo! Me li immagino stanchi morti che si trascinano lungo le *ramblas* a bere *cerveza* e mangiare *tapas*, contenti del successo appena conquistato. Daniele e Sandra abbandonano il gruppo. Devono rientrare in Italia. Sandra con l'intera nazionale paralimpica sarà ricevuta da Ciampi per festeggiare le medaglie appena conquistate ad Atene.

Il viaggio continua, la barca arriva a Valencia. Io, Lara e Margherita li raggiungiamo in aereo. Margherita si stabilirà in barca fino a Miami. Per me e Lara è invece una visita di cortesia. Toccata e fuga. Ripartiremo domani.

Arriviamo a Valencia di notte. Abbiamo prenotato un albergo. È l'una ma il clima spagnolo ci contagia. Usciamo per mangiare qualcosa e bere una birra. È da prima dell'incidente che non tornavo in Spagna, la mia seconda casa.

Valencia, Real Club Nautico, 23 ottobre 2004

Pranziamo in barca con il gruppo ritrovato. Insieme ai ragazzi ci sono anche degli ospiti: Paolo Bassani con la compagna Laura. All'equipaggio si aggiungono anche Paolo e

Massimo Anibaldi e insieme a Margherita faranno parte di coloro che partiranno per la prossima tappa. Paolo è un medico chirurgo paraplegico. Opera grazie a uno speciale standing che gli permette di stare in piedi. È un ragazzo giovane, simpatico, ci intendiamo subito. Mi racconta di come anche per lui la tecnologia ha fatto tanto. Durante la specializzazione, stava medicando un paziente da seduto. Il paziente era un artigiano che si era offerto di costruirgli uno standing, una sedia su ruote che permette la verticalizzazione, tutta in acciaio inox, sterile, adatta a una sala operatoria. Suo cugino Massimo fa il poliziotto, vivace anche lui.

Dopo uno stupendo risotto di Margherita, che dà subito prova della sua disponibilità, visitiamo Valencia. Un po' me la ricordavo. Ci ero già stato durante l'Erasmus per la festa cittadina, Las Fallas. Ogni città della Spagna organizza una volta all'anno una festa in onore del patrono o per un'altra occasione. Dieci, a volte anche quindici giorni, durante i quali nessuno lavora e tutti si divertono. Speriamo che resti sempre così. Speriamo che la globalizzazione non cancelli questo spirito, la voglia di divertirsi e stare insieme. Las Fallas significa «i fuochi». Durante l'anno i valenciani costruiscono delle grandi statue allegoriche di carta e legno. Sono enormi e molto costose. Alla premiazione finale, le statue vengono disposte nelle varie piazze cittadine a seconda della graduatoria. L'ultima notte vi danno fuoco. È uno spettacolo stupendo. Un falò enorme con i vigili del fuoco di fianco, pronti con gli idranti. L'anno del mio Erasmus pioveva a dirotto, eppure la statua ardeva e anche a cento metri di distanza riuscivo a sentire il fuoco sulla faccia.

Ora girovagando tra la piazza del municipio e il barrio del Carmen affiorano i ricordi. Si fa sera e fra poco io e Lara abbiamo l'aereo. Ma siamo obbligati a fermarci, anche a rischio di perderlo, per assaggiare i rigatoni con pagliata di Paolo. Specialità romana, fantastica. Anche la barca ha fretta di muoversi. Destinazione Formentera, anche se c'è da fare qualche miglio in più. Li salutiamo con l'invidia nel cuore.

Thiene, 24 ottobre-14 novembre

Rimango sempre in contatto con loro. Un incidente a bordo mi preoccupa molto. L'antenna del VHF, la radio, è caduta dall'albero: un volo di più di venti metri per finire come una frusta sulla mano di Alfredo. È andata bene poteva cadergli in testa. Prontamente Paolo ha provveduto con una fasciatura. La mano di Alfredo resta gonfia. Al telefono gli impongo di fermarsi e andare in un ospedale per una lastra. Rimango inascoltato.

Il 4 novembre la barca arriva a Lanzarote. Alfredo, Margherita e Paolo sbarcano e tornano in Italia.

Dopo qualche giorno a Thiene ricevo una visita: è Alfredo. So già perché è venuto a trovarmi. In questi ultimi due anni ha ricevuto grosse soddisfazioni ma ha fatto anche molta fatica, tutti quei mesi lontano da casa. È stanco. Mi dice che sarebbe arrivato fino a Miami, poi ci saremmo salutati. Non posso convincerlo, non ci provo nemmeno. Credo che le cose debbano avere un loro fluire, non bisogna forzarle troppo. Anche se naturalmente mi dispiace

Lanzarote, 15 novembre

Arriva il giorno della partenza dall'Italia in aereo per Lanzarote. Sono emozionato. Il tempo è volato, la data fatidica è arrivata. Questa traversata è da un bel po' che ce l'ho dentro. L'ho sempre desiderata e sognata, come tanti velisti.

Mi ha sempre colpito il fatto che paragonato alla fatica e al tempo impiegati perché tutto funzioni, in mare l'avanzamento è sempre lentissimo. Guardi una cartina e vedi la retta che collega i due punti, la partenza e l'arrivo. È corta per chi la guarda, è lunghissima per te, per i tuoi ricordi. Poche le miglia percorse, tanto il tempo impiegato. Quanto va la tua barca? Impossibile spiegare a uno che in barca a vela non ci è mai andato che otto nodi è un bell'andare, dodici è volare. Ma l'Atlantico è diverso. La linea diventa lunga in assoluto, anche per chi di vela non capisce nulla. Sono più di 3000 miglia, l'equivalente di 6000 chilometri. È come fare l'Italia in auto da Bolzano a Reggio Calabria cinque volte di fila, senza mai fermarsi.

Non importa se si incontra una tempesta, bisogna andare avanti. O se i compagni di viaggio non sono simpatici, bisogna collaborare. Non importa se stai male, non ci sono autogrill, niente soste. Per di più si sa quando si parte ma non quando si arriva. Frase forse banale ma tanto vera.

Sognavo di rimanere isolato da tutto e tutti per quindici, forse venti giorni. Il telefonino staccato. Le seccature che devono risolversi da sole. Non ti si avvicinano neppure. Sei tu con te stesso circondato da un universo nuovo. Tu con l'energia, con la purezza, con gli elementi naturali.

E il mare? Tutt'intorno ti avvolge, ti riempie. Inquinamento? Ho letto che la pelle si sporca pochissimo, quasi non senti il bisogno di lavarti. E il vento? Il mitico aliseo forte e costante. Andature al traverso, planate a venti nodi.

Affiatamento, amicizia. Albe, tramonti, stellate. Queste sono le mie aspettative, questa la mia idea di una traversata atlantica.

Alla voglia di vivere queste emozioni si aggiunge il pensiero che quello che stiamo facendo nasconde un significato più profondo.

A livello personale tornare a Miami rappresenta un po' la chiusura di un cerchio, un voler quasi dire: « Me ne sono andato messo malissimo, ma dopo quasi cinque anni mi sento bene. Quell'incidente mi ha cambiato la vita, ma credo di averne tratto qualcosa di positivo ».

Ma c'era un significato che andava oltre la mia esperienza personale, un significato simbolico, uno scossone ai cosiddetti normodotati, ai tanti Andrea Stella prima dell'incidente che non conoscevano persone disabili o non li consideravano capaci di essere indipendenti e di agire. Uno scossone all'ignoranza. Nell'immaginario collettivo una traversata atlantica viene vissuta come qualcosa di mitico, di coraggioso e difficile. Per di più fatta da un disabile...

Speriamo serva a far capire che i disabili possono fare molte cose, possono lavorare, avere una normale vita di relazione. Basta solo che la società ti metta nelle condizioni di poterlo fare. Perché io mi sento disabile solo di fronte a tre gradini, altrimenti evitabili, in una città come Milano dove non posso girare da solo. Mentre paradossalmente con il catamarano potrei andarmene in giro da solo, se fossi più preparato e competente velisticamente. Potrei attraversare l'oceano da solo anche se sono in carrozzina.

Quello che voglio è raccontare un'esperienza normale. Dimostrare che molti ragazzi disabili possono come me attraversare l'oceano con questo catamarano insieme ad altre persone. E possono essere membri attivi dell'equipaggio con compiti e mansioni precise. Io e Omar siamo qui per dimostrarlo. Omar farà i suoi turni al timone e alle vele, e poi si occuperà della tecnologia di bordo. Girerà gran parte delle immagini video e fotografiche, le raccoglierà, le organizzerà, curerà con Margherita il diario di bordo, raccoglierà i dati del polar, il cardiofrequenzimetro che tutti noi avremo addosso per monitorare il nostro stato fisico. Al ritorno, con le sue immagini, più di venti ore di girato, Sky realizzerà una trasmissione documentario. Un lavoro non da poco, compiuto in condizioni estreme ma fatto in piena autonomia da una persona con difficoltà motorie. Eppure Omar troverebbe più faticoso fare le stesse cose in un ufficio al primo piano senza un ascensore o dove uno scalino gli impedisce di muoversi da solo o costretto, quando deve andare in bagno, a chiedere ospitalità in un bar vicino, sperando di trovarne di accessibili.

All'aeroporto di Venezia ci siamo tutti tranne Mauro, che ci raggiungerà fra due giorni: Alfredo, Archi, Marghe, Marco, Omar, Lara. I miei compagni di viaggio. Scalo a Madrid, due *tapas* e una *cerveza* in aeroporto e poi diretti a Lanzarote.

È notte fonda quando arriviamo. Alfredo e Marghe sono un po' le nostre guide, una settimana fa a Lanzarote erano approdati in barca. Mi dispiace di non essere stato a bordo anch'io. Arrivare in un luogo in barca ha sempre un fascino particolare. È la conquista di una meta. In quell'approdo c'è una storia, un impegno, un sacrificio, la somma di momenti felici e di paure passate. È come la veronica del torero descritta da Hemingway che in quel gesto di estrema semplicità e linearità nasconde la meticolosità della preparazione, il pericolo di sbagliare e di essere trafitto da due corna affilate come lame spinte da una bestia che pesa mezza tonnellata.

Il gruppo comincia a diventare omogeneo e così invece di andare a dormire ci spingiamo fino al bar della marina. Tutto a Lanzarote è nuovo. Un'isola vulcanica, nera, costellata di costruzioni nuove bianche. Sembra accessibile alla sedia a rotelle. Rivedere la barca è un bel momento. Ripenso agli sforzi mentali fatti per costruirla, all'energia che ci abbiamo messo, a tutte le persone che ci hanno aiutato. Mi piace conoscerla a fondo, saperne gli spazi, i volumi. Nella mia vita sono piuttosto indisciplinato. Quando compro qualcosa di nuovo, un computer per esempio, mi riprometto di leggermi tutti i manuali ma poi smetto ancora prima di cominciare. Ma qui è diverso. Gli spazi e i volumi della barca li sento miei. Li ho pensati, ragionati, vissuti, centimetro per centimetro. E voglio condividere insieme ad altri, disabili e non, il piacere di solcare l'Atlantico a vele spiegate.

Lanzarote, 19 novembre

Domani si parte. Le ultime giornate sono veramente intense. Mauro Pelaschier è all'opera. Il professore operaio. Cinquant'anni più o meno passati in mare, ha imparato prima ad andare a vela che a nuotare. Adesso rovescia la barca come un calzino. Non impartisce semplicemente degli ordini ma muove le mani e sistema tutto secondo una sua logica: spostare i pesi, passare le mani di terzaroli in modo differente, controllare i punti di attacco delle vele. Pinza o cacciavite in mano e giù a lavorare. Abbiamo un prezioso aiuto, Enzino, un ex marinaio che vive a Lanzarote dove fa il cameriere. Ci accompagna nelle velerie alla ricerca del dacron che ci manca, nei negozi di nautica per le ultime dotazioni di emergenza, a mangiare i gamberi con l'aglio in un localino per gli isolani in alto sulla collina.

Arrivano mio papà e mia mamma, Miguel Angel e sua moglie. Era il nostro rappresentante di Estel in Spagna. Io e lui abbiamo un rapporto di amicizia, ci siamo conosciuti durante il mio Erasmus. Siamo rimasti in contatto anche se lui non lavora più con Estel. È venuto per vedere la partenza, per incontrare me e mio padre, per visitare Lanzarote. Dicono che sia molto bella. Io in cinque giorni non ho visto nulla tranne i negozi di nautica della capitale.

Io e Mauro assistiamo al *briefing* degli skipper, la riunione in cui vengono illustrate tutte le regole della regata. Lui fa domande, segue con molta professionalità. Sembra pronto per una regata di Coppa America. È uno che non vuole lasciare nulla al caso, si occupa in prima persona di tutto, vuole essere informato su tutto. Si respira l'atmosfera di competizione della regata. Stiamo per attraversare l'oceano, il mare merita rispetto, bisogna arrivarci preparati. Lo skipper sente su di sé la responsabilità, non può delegarla. È lui che decide. Deve essere meticoloso nelle sue valutazioni, nel bene e nel male sarà lui il vincitore o il perdente. E questa sfida la accetta in prima persona. Per me è un grande insegnamento. Troppe volte nella mia vita tendo a delegare, a volermi occupare solo di certe cose, a tralasciare ciò che non mi piace fare. Fidarsi degli altri è una qualità utile sia nel lavoro che nella vita, l'importante è mantenere il controllo dell'intera situazione, anche di quegli aspetti che all'apparenza non ci sembrano così importanti o che non abbiamo voglia di seguire.

Lanzarote, 20 novembre

Mancano poche ore alla partenza. Carico la sveglia: pulsante centrale, lo premi, una luce azzurra illumina i grandi numeri. Ha sette allarmi programmabili. Ne userò tre. Alle dieci del mattino molliamo gli ormeggi. Saluto mamma, papà, Enzo, Miguel e sua moglie. Loro seguono la partenza da un grande catamarano messo a disposizione dall'organizzazione.

Mauro è al timone. «Veloci, su la randa. Proviamo il fiocco.»

Manca poco a mezzogiorno. Un lungo fischio dà il segnale dei cinque minuti prima della partenza. Poi un boato. Partiti. Giriamo intorno alla barca giuria, togliamo il frullone, mettiamo il fiocco.

Partenza fantastica: siamo primi. Seguiamo una rotta diversa da tutti gli altri, che ci fa passare tra l'Africa e le isole. Il vento è forte, la velocità anche: undici-dodici nodi. Andiamo come schegge. Stabiliamo i turni. A coppie di due: Alfredo e Lara, io e Archi, Marco e Margherita, Mauro e Omar. Due ore di turno, due di *stand by* in dinette, quattro di sonno.

Scendo in cabina per il mio turno di riposo, sembra di essere dentro una centrifuga. Un sibilo lungo continuo. Rumori. Cavolo, non ci ero proprio abituato. Ma sarà sempre così? Da una parte sono esaltato dall'idea di andare così forte, dall'altra mi sento inquieto. Forse è un'impresa esagerata che ho affrontato con troppa leggerezza. Non avevo calcolato la paura. Sotto coperta sembra che la barca si debba spaccare da un momento all'altro. Lara è preoccupata e non riesce a dormire. Cerco di rassicurarla: «Prima o poi crollerai dal sonno». Ai rumori, agli scricchiolii si aggiungono le grida di Mauro. Lara poco sopporta le persone che urlano. Il carattere di Mauro non la rasserena.

Cerco di non trasmetterle le mie paure e di dirle che tutti quei rumori sono normali. Provo a mostrarle gli aspetti positivi, la velocità, le planate, tutto quello che avremmo potuto imparare. C'è poco da fare. È tutto normale, ce la faremo, dobbiamo solo abituarci. E intanto la barca vola, siamo sempre in testa e guadagniamo molte miglia sui nostri avversari.

22 novembre 2004, 24°35'N-19°51'W

Si rompe il pilota automatico. Quanti insulti tiro a Roberto, il proprietario del cantiere che me lo aveva montato. Che scelta sbagliata! Via i frenelli tradizionali e spazio alla timoneria idraulica. Avevo speso un sacco di soldi per cambiare la timoneria anche se sapevo che avrei perso moltissima sensibilità. Pelaschier non la sopportava. Era da quando eravamo partiti che non faceva che insultare la timoneria. Ma il motivo per cui avevo fatto questa scelta era la sicurezza. Mi avevano garantito che timoneria e pilota non si sarebbero rotti. E se fosse successo si sarebbe potuto sostituire il pilota anche in navigazione. Bastava avere il motorino di ricambio. E noi per l'ostinazione di Roberto, per la sua sicurezza che non si sarebbe mai rotto, non ce lo avevamo. Alfredo glielo aveva chiesto più volte, io mi ero raccomandato. «Tranquilli, è una timoneria da nave, non si spaccherà mai.» Come sempre sono rimasto fregato per essermi fidato, per non aver approfondito. Ritorna la lezione di vita di Pelaschier prima della partenza. La traversata, scoprirò poi, me ne riserverà parecchie altre.

I piloti automatici rivestono un ruolo chiave: timonano al posto del timoniere. Tengono cioè la barca in rotta e ti permettono di avere tutto il tempo per regolare le vele, consultare le carte nautiche, mangiare, stare con gli altri. Peccato che molto spesso ti abbandonino proprio sul più bello. E il nostro viaggio è solo agli inizi. Dopo il tracollo del pilota dovremo timonare a mano ancora per

2600 miglia. Passato il nervosismo, intravedo una grande opportunità: avremmo timonato tutti per almeno tre ore al giorno. Un grande allenamento.

È notte. Mi metto la calzamaglia, i pantaloni della tuta, la cerata leggera sopra il pile. Non sembra così freddo ma l'umido ti entra dentro. Siamo appena partiti, non voglio rischiare.

Prendo io il timone. Archi, seduto alle mie spalle, regola di continuo la vela. « Muovi meno il timone. » È una parola... « Dai, dai, dai. » Riprendo il gennaker che si stava incaramellando, gli ridò aria, vita. Per fortuna Archi cazza in tempo la scotta. È un equilibrio da ritrovare ogni volta. Mamma mia, non è mai stato così difficile andare in barca.

Quando sei al timone, la barca la senti più tua, cominci a conoscerla realmente. Il catamarano è instabile e la prua viene sospinta dalle onde, va di qua e di là. Non è per niente facile in questa andatura: siamo in poppa piena e il gennaker è troppo magro, sbatte. Devi continuare a correggere, non ti puoi distrarre. Un'ora al timone in queste condizioni mi snerva. Al tempo stesso è un esercizio fondamentale per me. Mi costringe a concentrarmi su quello che sto facendo. Non mi posso distrarre: ogni volta che scambio una battuta con Archimede, sbaglio. Seconda lezione di vita. Sono molto distratto e la causa dei miei errori molte volte sta nel fatto che faccio una cosa pensando già a un'altra. Non mi è mai capitato di dover timonare con tanta attenzione, sicuramente non pensavo sarebbe successo durante questa traversata atlantica.

Archi è un vero artista. All'apparenza timido, sulle sue, se ne esce poi con storie incredibili, da pisciarsi addosso. Short team su *Mascalzone Latino*, nell'ultima Coppa America, short team per Giovanni Soldini sul suo trimarano. Il tutto celato da grande modestia.

È il mio turno. È quasi il tramonto. Il vento è giusto, l'onda anche, la barca va come un treno. Marghe ha bloccato il log (il contachilometri delle barche) a 17.1. Tocca a me. Dai, dai. Orzo, Archi: « Cazza la scotta ». La prua esce dall'acqua, plana, schizzi. Lara scatta una foto, la prua che si caccia nell'onda, uno spruzzo d'acqua che si solleva e si staglia sull'orizzonte infuocato dove il sole si immerge come un biscotto nel latte e scompare. 16.5 nodi, non male. Sarà per me la foto più bella.

23 novembre 2004, 23°46'N-023°03'W

Bip, bip, bip. Due meno un quarto. Dai, tirati su. Piano. Ho paura di svegliare Lara. Sono passati tre giorni da quando siamo partiti. È la prima volta che riesce a dormire. Se si sveglia è finita, fra due ore tocca a lei, sicuramente non riuscirebbe più ad addormentarsi. Mi infilo le braghe sopra la calzamaglia che per comodità nel turno di notte non tolgo mai. Bocca impastata, un filo d'acqua, mi lavo i denti. Gli occhi mi bruciano. Impossibile mettere le lenti a contatto, meglio gli occhiali. Esco. Archi è già al timone, mi scuso, prendo la scotta del gennaker. La prima ora nessuno di noi due parla.

« Le stelle sono il tuo riferimento. Lascia perdere la bussola. » Mauro, che ha dato il cambio ad Archi, è prodigo di consigli. La barca è tutt'uno con lui, sembra quasi un prolungamento delle sue braccia. Impreca, perché anche a lui scappa la prua, ma riesce a riprendere la barca, anticipa i suoi movimenti. Non è abituato a questo catamarano, ma si vede che è uno esperto, che la vela ce l'ha dentro.

Si rompe il gennaker, la vela più importante, quella che avrebbe dovuto sostenerci fino a Miami. Uno squarcio alla base. Domani proveremo a ripararla con del tessuto adesivo, ma dopo aver visto le facce di chi di vela ne capisce più di me, non c'è da sperarci troppo. Pare che il taglio sia troppo esteso. Ci restano solo altre due vele. Togliamo il gennaker e issiamo il fiocco, che però ci fa perdere gradi di rotta e nodi di velocità.

Una flotta di delfini ci fa tornare il buon umore.

24 novembre 2004, 23°27′N-029°49′W

La giornata si svolge all'insegna del taglio e cucito. I turni sono saltati. Tutti noi lavoriamo per riparare la vela. La barca sembra una veleria, il gennaker è steso in tutta la sua lunghezza, da poppa passa attraverso la dinette, gli oblò e arriva alla rete di prua. Metro, forbici, ago e filo. In un pomeriggio di duro lavoro riusciamo a riaggiustare lo squarcio, anche se preferiamo attendere l'indomani con la luce del sole per le verifiche di tenuta.

Mauro mi stupisce ancora una volta. Cuce lui la vela per quasi dieci ore di fila. Il nostro kit riparazioni è quanto di più scarno ci sia ma bisogna farselo andar bene. Mauro è proprio un vero marinaio. Ha avuto una veleria per quattro anni, si faceva lui le vele olimpiche. Il mestiere lo conosce alla perfezione. Ci racconta con passione di quel periodo. Terza lezione di vita: in barca devi saper fare tutto. Facile il parallelo con la vita. Anche se hai ruoli di comando, anzi a maggior ragione, devi saper svolgere in prima persona anche i lavori più umili. Regole, responsabilità, sacrificio, risparmio. Altrimenti non si va da nessuna parte.

È una bellissima serata, io e Omar, proprio sotto la cintura di Orione, discutiamo liberamente degli argomenti più disparati. Cosa che non facevamo in terraferma ormai da molto tempo, presi come siamo ognuno dai propri impegni. Ci soffermiamo sul significato di quest'impresa.

« E pensare che neanche cinque anni fa eravamo stirati su un letto di ospedale. Prospettive per il futuro: zero » mi dice Omar.

« Cazzo se hai ragione. »

« E adesso guardaci qui, in piena regata in mezzo all'oceano. »

« Certo che se avessi fatto pratica legale credi che mi sarei potuto prendere una vacanza così? »

Scherziamo sul fatto che la carrozzina ci permette di fare cose un tempo insperate. Bel paradosso. Ma in un certo senso è vero. La mia vita si sarebbe sviluppata lungo un percorso, se non stabilito, quanto meno delineato. Sarei stato felice? Forse sì, ma preda dei continui giudizi del mondo, di un mondo che tutto sommato sentivo non appartenermi già dai tempi dell'università.

Per natura mi piace inserirmi negli ambienti che frequento, viverli. La carrozzina, le difficoltà, la lotta per avere città a misura di tutti, la sfida per sradicare l'ignoranza mi hanno aperto strade un tempo sconosciute. Strade che mi hanno portato a una crescita spirituale, sociale, caratteriale. A conoscere persone di tutti i livelli. Ipocrite, ma anche fantastiche. Un vero viaggio nella società con una storia da raccontare, avendo ben chiaro quale messaggio voglio portare avanti. È probabile che la mia vita da avvocato non mi avrebbe aperto così tante e diverse porte. E che il mio contributo alla crescita degli altri sarebbe stato bassissimo, se non nullo. Magari sarei stato un depresso, alla ricerca di una qualche verità, di una qualche felicità. Sicuramente, se non avessi provato un dolore così forte che mi ha spinto verso le medicine alternative, non avrei avuto accesso a quelle esperienze spirituali che così tanto mi hanno insegnato e cambiato.

Volano i pensieri e intanto si sta facendo giorno. Non ci resta che attendere la luce del sole per testare il lavoro svolto.

25 novembre, 23°25'N-27°05'W

Tre, due, uno... Tutti in mare! In bonaccia totale ammainiamo le vele e ci tuffiamo senza esitazione, dopo aver aspettato invano che arrivasse il vento, Fantastico: l'acqua è perfino calda. I momenti di tensione e nervosismo sono scomparsi.

Passo tra i due scafi del catamarano nuotando e il mare, a contatto con lo scafo bianco, acquista un effetto piscina, diventando più luminoso e mettendo in risalto ancor di più i toni di blu dell'acqua. Guardo il mare con la maschera e sotto si vede solo blu, senza fondo, senza confini, un immenso liquido smorzato solo dalle venature dorate della luce che penetra dall'esterno. Non sarei uscito più.

La traversata atlantica è una cassa di risonanza della vita. Ogni sensazione si amplifica. E anche se le cose vanno male non si può scendere, non ci si può girare dall'altra parte, non si può delegare. È un modo di vivere molto intenso, con tanti sbalzi d'umore. Quarta lezione: la vita è un bordeggiare continuo tra successi e insuccessi. Non abbattersi nella bonaccia e sapersi godere i momenti positivi.

Issiamo il gennaker. Ieri era ridotto a brandelli, ora sembra nuovo. Della battaglia conserva solo una grande cicatrice. Una cucitura profonda che ci ricorda il nostro lavoro.

Qualcosa galleggia davanti a noi. È un pallone da basket. Lo tiriamo a bordo con il retino. Gli diamo un nome: Mr Wilson, come nel film *Cast away*. È abitato dalle alghe e da un granchio che non si capisce come mai sia potuto finire lì. Il granchio lo spodestiamo e lo mettiamo su un piattino. Al pallone concediamo occhi e sorrisi. Il granchio fra poco morirà, abbiamo distrutto, inconsapevolmente, un piccolo ecosistema. Che superficialità. È un episodio che può far sorridere ma io lo vivo in modo molto intenso. In mezzo all'oceano cresce il rispetto per la natura. È una sensazione spontanea, che nasce da dentro.

Ecco, mi concentro su quella stella. Non posso sbagliare. Dove sto andando? Una nuvola la copre. Ne scelgo un'altra, ma è troppo flebile. La luce sembra morire, non è un buon riferimento. Non ce ne sono altre, è tutto coperto. Provo con la bussola. Rotta 260. Stai, stai, stai... La barca prende vento, va all'orza 255, il gennaker sta per incaramellarsi.

«Riprendila, poggia, allontanati dal vento, 265, 270, troppo, muovi piano il timone, 255, 250, torna su.»

«Archi prendi tu il timone, io non ci sto più dentro... Basta.»

Con il pilota automatico è molto più facile mantenere la rotta ideale. Timonando a mano, senz'altri riferimenti che non siano le stelle e con una vela di prua, il gennaker, così difficile e impegnativa, è facile sbagliare di alcuni gradi che però si trasformano in decine e decine di miglia in più.

27 novembre, 18°53'N-29°39'W

È sabato. Con i turni di quattro ore di lavoro e quattro di sonno, a volte dobbiamo ricordarcelo per non perdere del tutto la dimensione del tempo che misuriamo ormai con albe e tramonti. Giornata di vento leggero all'insegna di tentativi di strambate, che non ci danno grandi soddisfazioni. Invece di puntare a ovest, come vorremmo, ci spingiamo a sud-ovest, con avanzamento molto ridotto.

Il vento è debole e dell'aliseo neppure l'ombra. Monta una nuova preoccupazione, quella energetica. Bisogna dosare ogni risorsa.

Paranoia alimentare. Avevo detto a Lara, la nostra cambusiera, che la traversata sarebbe durata dodici, massimo quindici giorni. Fortunatamente Lara è stata abbondante. Ma abbiamo paura di finire le scorte. Alfredo è il più spaventato di tutti. Ma anche questo si trasforma in positivo. Bisogna gestire tutto con parsimonia, evitare gli sprechi. Le stesse quantità di cibo, se ben amministrate, possono servire per venti come per trenta pasti. La stessa acqua può servirti per lavarti i denti tre o cinque volte. Ci laviamo con l'acqua di mare e con uno speciale bagnoschiuma che elimina il sale. Avevamo il dissalatore per cui potevamo produrre anche duecento litri d'acqua dolce l'ora, praticamente un'infinità. Ma il dissalatore prende energia dal generatore e questo consuma gasolio. Molto meglio l'acqua di mare. Così risparmiamo le batterie. Abbiamo svitato molte lampadine. Ognuno gira con una piletta a tracolla ed evita per quanto possibile di usare le luci di bordo. Uso limitato del computer, solo lo stretto necessario. Scaricare le foto, spedire il diario di bordo e caricare i cardiofrequenzimetri sono le uniche attività concesse. Niente musica, consuma.

Facile il paragone con casa. L'acqua che corre finché ci laviamo i denti o quando ci si insapona sotto la doccia. Luci accese senza motivo. La musica inascoltata. Per non parlare del cibo sprecato, avanzato per noia. È la quinta lezione.

Qui in mezzo al mare si assaporano piccole grandi emozioni. L'oceano ci semplifica, ci rende più umani. Forse è questo il significato profondo di una traversata oceanica: riscoprire se stessi.

28 novembre, 19°27′N-31°49′W

Riuniti intorno al tavolo in pozzetto, vento leggero, sole bruciante, decidiamo di scrivere un messaggio e chiuderlo in una bottiglia. Chissà se qualcuno tra dieci anni, quando la bottiglia raggiungerà la terra ferma, ci risponderà.

Coordinate, nome della barca, regata: inseriamo i dati principali per farci riconoscere, invitando il fortunato che rinverrà la bottiglia a contattarci sul nostro indirizzo di posta elettronica.

« *You will win a special guest invitation from* Lo Spirito di Stella », concludeva il messaggio. Avvolgiamo lo scritto con della carta stagnola in modo che l'inchiostro non si deteriori. E vai, bottiglia! La vediamo allontanarsi dalla poppa. A questo punto notiamo un'imbarcazione alle nostre spalle e ci viene da ridere al pensiero che la nostra bottiglia possa finire il suo viaggio molto presto e che il nostro telefono possa squillare: « Hi *Lo Spirito di Stella*! Siamo dietro di voi. Appuntamento ai Caraibi? » Ma non accade, l'oceano è grande.

Nove giorni con vento leggero cominciano a farsi sentire: il caldo diventa fastidioso, chi è al timone tiene i piedi in acqua per rinfrescarsi; le creme solari sono diventate d'obbligo e Alfredo sfoggia un cappello a tesa larga molto professional. L'umore a bordo è altalenante, si passa da momenti di euforia e di iperattività quando arriva un po' di vento, ad altri di nervosismo e apatia quando la barca diventa quasi ingovernabile per assenza d'aria. Le condizioni sono anomale, ce lo conferma anche il meteorologo. Tutti ci chiediamo: « Dove sono finiti gli alisei? » Belle invenzioni i racconti degli amici: « La traversata atlantica? In otto giorni! Sempre 25-30 nodi di vento in poppa ». Le nostre aspettative vengono frustrate dalla realtà.

Con Archi scherziamo e ridiamo sul fatto di metterci poco tempo. Lui l'Atlantico l'ha fatto diverse volte. Ha una grande esperienza come velista ma soprattutto come genietto delle modifiche e riparazioni. Con la sua grande fantasia e manualità, è sempre intento ad aggiustare qualcosa. È il mio compagno di turno. Mi asseconda parecchio. Capita che io sgarri un po' e lui timoni anche per me. Mi spiega pazientemente quello che voglio sapere. Ha una gran cultura velica e non solo. Parlare con lui è piacevole.

29 novembre, 19°04′N-34°07′W

Navighiamo sotto gennaker, con un'aria finalmente discreta, Marghe è al timone. Frrrrr... La lenza che ormai da dieci giorni tornava a bordo vuota comincia a correre. Finalmente un pesce all'amo. Archimede si lancia al recupero che si rivela piuttosto impegnativo. Osserviamo tutti l'acqua in attesa di vederlo saltare. Quando è a pochi metri, si dibatte. È enorme. Archimede alla canna da pesca, Alfredo con un mezzo marinaio dotato di uncino. Noi tutti in pozzetto estasiati in attesa, con il gennaker ammainato per rallentare per un attimo la barca. Esce dall'acqua, è una lampuga con delle splendide striature blu e dorate; maestoso, un bestione di almeno dieci chili. Grazie oceano, le nostre preghiere sono state esaudite.

Marghe pulisce il pesce. Ne vengono fuori due tranci a testa, quattro filetti da fare al carpaccio e altri filetti da usare per la pasta. Una vera rivoluzione nella cambusa! E pensare che Lara e Marghe pensavano già di dover aprire le « danze » della carne e del tonno in scatola. Omar per cena ci prepara il carpaccio alla mela verde e dei filetti grigliati con una fetta di polenta. Alta cucina!

30 novembre, 18°35′N-36°36′W

Non c'è tempo per guardarsi indietro, lo sguardo è sempre rivolto all'orizzonte. Ora che il vento è più disteso e soffia sui dieci, quindici nodi costanti, cerchiamo di non perdere la concentrazione.

Il cielo è velato da nubi grigie, raggruppate in una coltre compatta che né sole né luna riescono a squarciare. Con il calare della notte ci ritroviamo al buio: il nostro faro, la luna, che ci accompagnava irradiando la sua luce argentea in pozzetto, è oscurata dalle nuvole e fa capolino solo di rado. Il mare è più formato per l'aumento d'intensità del vento. L'acqua ha assunto un colore blu più scuro e intenso e l'onda, purtroppo per noi incrociata, è più alta e quando investe la poppa della barca la fa accelerare e la sospinge dove vuole lei. Incrociamo i primi cumulonembi, che creano i « groppi » oceanici, con un aumento notevole del vento sotto le nuvole e rischio di scrosci d'acqua.

Il lavoro al timone e alla regolazione del gennaker è impegnativo e cerchiamo di alternarci nei ruoli per non sfinirci. La strada è ancora lunga, anche se, con l'aiuto del vento, la seconda parte della regata potrebbe essere più facile e rapida. Ma per scaramanzia non arrischiamo ancora pronostici sull'arrivo.

Omar in cucina è fantastico: per pranzo linguine alla lampuga, pomodori e olive e lampuga all'acqua pazza per cena. Quel che ci vuole per tenere alto il morale della ciurma.

Il vento aumenta e Marghe e Marco corrono a prua per i loro quarantacinque minuti di palestra quotidiana: ammaina il gennaker, apri il fiocco, monta il frullone, apri il frullone, chiudi il fiocco, regola la randa.

Marco ha un grande sogno: regatare sempre! Si dà molto da fare, ci mette l'anima. Appena arrivato era timido, ora man mano che passano i giorni diventa sempre più estroverso.

Lui e Margherita formano una bellissima coppia. Quando non sono concentrati nel portare la barca improvvisano siparietti e canzoni.

Marghe ha un carattere d'oro. Ha sposato fin da subito l'idea di questa traversata, ha creduto molto nel messaggio che vogliamo portare avanti. È spontanea, sempre sorridente e disponibile. Con Omar si occupa del diario di bordo. Una volta a Miami pensa di fermarsi un po'.

1 dicembre, 17°50'N-39°16'W

Siamo a buon punto: abbiamo percorso più della metà delle miglia che ci separano da Antigua.

La posizione di classifica è ottima. Per una settimana siamo stati in testa poi, causa bonaccia, siamo scivolati in ottava posizione. Ora siamo terzi. Ci sembra una posizione di tutto rispetto, considerato che è ancora tutto da giocare. Domani rimetteremo all'opera i pescatori.

Io e Omar ci sentiamo sempre più legati, grazie anche all'esperienza su questa barca. È un bel rapporto il nostro, fatto di positività, allegria e una marea di scemenze che ci fanno sbellicare dal ridere. Quante risate ci siamo fatti di fronte alla povera vecchietta che in ospedale, vedendoci fermi sulle nostre carrozzine intenti a leggere il giornale, si faceva forza e camminando a fatica ci offriva il suo aiuto. Abbiamo affrontato le difficoltà insieme. Ci siamo burlati dei comportamenti della gente, senza però dimenticarci di come eravamo noi prima dell'incidente, di quale era la nostra sensibilità. E quante persone abbiamo mandato a quel paese, dopo l'ennesima pacca sulla spalla. Il fratino dell'ospedale che dispensava consigli era il nostro bersaglio preferito.

Insieme abbiamo cominciato a discutere su come si sarebbero potuto abbattere certe barriere. Per me è un grande aiuto. È pignolo, vuole che tutto riesca al meglio, è ostinato e ce la fa sempre.

2 dicembre, 17°22'N-42°11'W

Mille miglia all'arrivo. Notte impegnativa quella di ieri: un vento sui 25-30 nodi ci ha investito frullandoci fino al mattino per poi abbandonarci, attoniti, nella piatta quasi totale. Abbiamo dormito poco e con un occhio solo, sempre pronti ad aiutare in caso di manovre. La barca con una mano di terzaroli e fiocchetto planava veloce sulle onde, un po' faticoso ma sicuramente positivo per la nostra tabella di marcia. La situazione a bordo è altalenante a causa del clima sempre più caldo che impedisce di riposare nelle cabine, dove si fa la sauna, e del vento che si burla di noi cambiando a suo piacere direzione e intensità. Noi per quel che possiamo lo seguiamo cambiando le vele e facendo correre la barca il più possibile. Ma dov'è finito l'aliseo? È prigioniero di una *tropical storm* che imperversa nella zona nord e che ha creato una situazione anomala per questa stagione. Noi non siamo interessati da quella depressione, ma purtroppo ne sentiamo gli effetti. Fino al 6, 7 dicembre dell'aliseo neppure l'ombra.

Il tempo. Che errore fare calcoli, che errore pensare di metterci quindici, sedici, diciassette giorni. Che errore darsi degli obbiettivi, farsi delle illusioni. L'altalenarsi del vento ci fa cambiare continuamente idea su quando arriveremo. Il nostro umore va di conseguenza. In fondo non cambia molto metterci un giorno di più o uno di meno. Ma io mi ero creato delle aspettative e faccio fatica a scrollarmele di dosso. Tre giorni in più sono tantissimi. Pesano come macigni.

3 dicembre, 16°18'N-44°29'W

Le miglia decrescono, l'umore migliora. Il caldo è torrido. Impossibile tenere il gennaker gonfio. Alle cinque e mezzo del pomeriggio tocchiamo i minimi storici: un nodo di vento. Bagno in oceano. È il nostro secondo bagno nell'immenso blu. Coordinate: 16°19'N-45°17'W.

Molto rinfrancante, quasi magico, anche se poco prima di uscire dall'acqua alcuni di noi vengono colpiti da piccole meduse. Lara apre la farmacia di bordo e ci medica con l'ammoniaca. Altro che squali, qui bisogna stare attenti agli esseri più piccoli e meno visibili.

È un continuo saliscendi. In tutti i sensi. Il mio rapporto con Lara è in crisi. Tra di noi c'è una tensione forte, nuova. Non ci eravamo abituati. Siamo distanti. Io non capisco. Sto male, divento anche geloso. Mi sfogo con lei con momenti di rabbia, che nascondono la mia insicurezza e depressione.

È forse questo l'aspetto più difficile di una traversata atlantica: la convivenza forzata in un ambiente piccolo ed estremo, per giunta lavorando. Quattro ore per dormire e si ricomincia. I ragazzi sono simpatici, si ride e si scherza continuamente, ma comunque siamo sempre a contatto l'uno dell'altro, è una situazione innaturale. Aggiungiamoci i capricci del mare. Un temporale non è il massimo ma una bonaccia ti stronca.

Tanti bassi, ma anche tanti alti. Le stelle di notte, albe, tramonti. Sono circondato dalla natura e sento nei suoi confronti un legame e un rispetto nuovi. Sono insieme a tutti gli altri, ma da solo. È un'occasione per riflettere su di me, sulla mia vita. E ciò può dare gioia ma anche malinconia.

5 dicembre 2004, 17°37'N-52°05'154W

È arrivato il vento. Da un giorno viaggiamo a una media costante di 10 nodi. Se continueremo con questa andatura, l'arrivo ad Antigua dovrebbe essere anticipato di tre o quattro giorni rispetto alle nostre previsioni. Sotto il sole cocente i turni diventano sempre più pesanti. Non è facile controllare la barca, salta da un'onda all'altra. Non siamo abituati al vento. Ma ben venga. Vogliamo arrivare.

Tra me e Omar sono cominciate le sfide al timone. La lezione di Pelaschier è servita. Omar mi batte spesso, inutile negarlo.

Il morale dell'equipaggio è molto alto. Ci facciamo un sacco di scherzi: dai biglietti appesi alle carrozzine con scritto «Affittasi 5 euro» alle secchiate d'acqua salata. Speriamo di procedere così.

6 dicembre, 17°42'N-52°34'W

Sono ormai due giorni che maciniamo miglia senza sosta. La ciurma è in agitazione: tutti pensano a cosa faranno all'arrivo. Non sono sogni folli, ma banali desideri; una doccia, una pizza, tante birre ghiacciate, un gelato, una dormita vera, otto ore filate, i piedi a terra.

Nel frattempo l'oceano ci fa un grande regalo: una splendida dorada. Omar ce la serve grigliata in tranci. Gustosissima. I pescatori di bordo sono Alfredo e Archimede.

Alfredo legge *Eravamo giovani in Vietnam* di Harold G. Moore e Joseph Galloway. Si è immedesimato nella parte. Vede vietcong ovunque. Come sempre è di compagnia. Tutti lo chiamano, tutti gli chiedono qualcosa. Conosce la barca più di tutti. Quasi 17.000 miglia in un anno e mezzo. Sempre a bordo.

Guardo Lara e la vedo distante. I suoi occhi si perdono in un non so dove, non riesco a leggerle dentro. Qualcosa sta cambiando, qualcosa è cambiato. Questi anni sono volati, Lara ha dimostrato una forza incredibile, una capacità unica di risolvere situazioni o risollevarmi il morale. Si è sempre comportata a suo modo, con il suo riserbo, ma decisa e risoluta, sapeva dove andava. Ora i suoi occhi mi raccontano di una persona che non ha più chiari i suoi obiettivi. Non c'è più quella luce. Sembrano quasi velati di malinconia.

Per me è molto difficile, mi sento in parte colpevole. Sento di averla trascurata e di essermi gettato a capofitto nei miei progetti. Lei ha scelto di vivere queste esperienze un po' in disparte, di farsi carico dei tanti doveri che questi compiti esigevano. Tanti oneri, le sono mancati gli onori. Non parlo dei complimenti, dei giornali, della vita mondana, di cui mai le è importato, parlo di un marito più puntuale, più attento, che una volta entrato in casa lasci fuori le sue emozioni, i suoi successi e apprezzi quella cena preparata con cura e amore. Un marito attento alle sue esigenze.

E come d'improvviso me ne rendo conto, capisco che il rapporto ne ha sofferto e che ora stanno venendo fuori le ferite. Un rapporto che consideravo indistruttibile e che forse per questo ho dato per scontato.

È dura, durissima. Questa volta non basta dire: « Mi dispiace. Scusa, ho sbagliato ». Sensazioni bruttissime, sensazioni di impotenza, sensi di colpa.

Un pensiero corre all'amore, alla sua capacità di esaurirsi, al segreto per farlo continuare. Dipende da noi ma forse anche dalla natura delle relazioni, dal desiderio che quando trova il suo appagamento tende a fuggire altrove, dalla passione che si affievolisce nella routine, dal tempo che brucia l'ardore e stempera le fiamme.

Sono riflessioni confuse. Non riesco a vedere la situazione con distacco, il mio sguardo è miope, non capisco cosa devo fare. Non si lasciano mai le scotte e le drizze aggrovigliarsi, ma i propri sentimenti sì.

Predomina un senso di impotenza, il voler sciogliere i nodi con la forza, il voler riportare il sorriso con un colpo di spugna o con uno schiaffone, mentre è necessaria la pazienza, la comprensione, talvolta la rinuncia. Reagisco male, attacco, soffro, mi comporto in modo immaturo. Cosa sto facendo? Me ne vergogno, ma questo ardore, questa voglia di far quadrare il cerchio è forte ma scomposta, richiede doti e strumenti che non trovo.

Ma forse è la barca, questa forma coatta di convivenza, questa mancanza d'intimità. Avremo modo di parlarne con calma, di metterci alla prova. Mi sto solo giustificando? Sto allontanando da me delle responsabilità oggettive?

Un gruppo di delfini attira la mia attenzione, mi mettono allegria, si portano via le mie amare riflessioni. Vorrei prendere Lara, stringerla a me, far brillare ancora una volta i suoi occhi chiari. Vorrei...

7 dicembre, 17°56′N-56°00′W

Un altro tramonto nel cielo oceanico. Godiamo di momenti che non torneranno mai uguali. La natura è un miracolo che si rinnova ogni giorno. Ci sono immerso a 360 gradi. So già che mi mancherà.

Le miglia mancanti continuano a diminuire, la stanchezza ad aumentare. È difficile alzarsi dal letto. Mal di testa, nausea, un po' di febbre. Ma c'è chi a bordo non molla mai. Anche quando nel turno di *stand by* è disteso in dinette e sembra che dorma alla grande. Non appena sente un cambiamento di rumore delle onde che frangono lo scafo, una vela che sbatte, un movimento brusco, si mette a urlare: « Poggia... Orza... ». È Mauro. Non sempre è facile capirlo. Lui pretende il massimo, anzi di più. È abituato alle regate giornaliere, a barche leggere e veloci. Questo è il suo quarto oceano. Urla, sbraita, impreca, poi si siede a tavola e passa tutto.

Quanto mi manca una cena in compagnia, costine e salsicce cucinate da Ivan, una serata con Giulio a discutere del mondo, una partita di calcio del Milan in Champions League con Nicola e gli altri ragazzi, tutti insieme davanti al videoproiettore. Quanto mi mancano la mia casa, i miei spazi, la mia poltrona massaggiante, il mio frigo cantina, la libreria. Quanto mi manca quel senso di intimità e libertà.

Quanto mi manca Vox, quando sta disteso sul letto sopra la sua coperta, pretende attenzioni e miagola come un gatto. E quando tu gli parli, lui ti guarda e muove la testa di qua e di là, perplesso.

8 dicembre, 17°16′N-58°49′W

Ho sognato Sonia, la mia «terapista». Devo parlarle. Sonia è un punto di riferimento nella mia vita. Ha rappresentato l'inizio di un percorso e ha sempre seguito le mie esperienze e cambiamenti. Quando sono a casa, ogni settimana ho con lei un appuntamento costante. È un momento mio. Mentre mi massaggiano, le sue mani riequilibrano i meridiani, sciolgono contratture, sbloccano sentimenti e paure celate. Sonia è la mia medicina. E qui, tra queste tensioni, in mezzo all'oceano la sogno.

Siamo tutti riuniti in pozzetto, a meno di settanta miglia dall'arrivo. La notte è già calata e sottovento c'è un'altra barca. Sarà in regata con noi?

La tensione è palpabile. Siamo al lavoro. Squadre e compasso per fare il punto nave. Attraccare ad Antigua di notte non è uno scherzo.

I turni sono completamente sballati, gli extra non si contano, facciamo di tutto per far correre la barca. Abbiamo fatto quasi più cambi di vela oggi che in tutta la traversata. Questo pomeriggio Eolo ci ha tirato un altro tiro mancino: alcuni groppi sopravvento a noi risucchiavano tutta l'aria e ci hanno lasciato in bonaccia. Il vento è poi ritornato sostenuto ma le tenebre senza luna della notte ci impediscono di goderci il momento dell'avvistamento della terra.

Ecco finalmente le luci. Antigua. Non c'è tempo per pensare. La barca surfa sotto il gennaker e il vento è in aumento. In un salto di vento il gennaker si sgonfia, poi dà due strappi. Bum.

Chiedo a Marco: « Dov'è il gennaker? » « Boh, sparito. »

Marco e Marghe corrono a prua. « Cazzo, è sotto la barca ». Non ci voleva.

Ammainiamo la randa per ridurre la velocità, molliamo le scotte e recuperiamo la vela dalla mura che dopo le nostre riparazioni ha resistito. Le luci della barca che avevamo distanziato ci superano. Il frullone sostituisce il gennaker, riprendiamo la nostra corsa ma un po' più lenti. E poi abbiamo perso almeno trenta minuti.

Accendiamo il VHF per metterci in contatto con l'organizzazione. Ci aspettano e sono in arrivo anche delle altre barche. Ieri mattina l'imprendibile *Oyster Rose* ha tagliato per prima il traguardo. Ma noi siamo a un passo dal podio. Ecco il canale di ingresso. Due luci d'albero davanti a noi. Incredibile, arriviamo quarti a soli trenta secondi dal terzo e otto minuti dal secondo. Siamo comunque contenti. Certo, quel maledetto incidente... Ma la gioia di essere arrivati e toccare terra supera tutto.

Ormeggio veloce. Le ragazze dell'organizzazione arrivano con una *boule* piena di rhum ponce, bevanda tipica. Noi stappiamo le nostre bottiglie di prosecco, le ultime due rimaste. Foto di gruppo, pacche sulle spalle. Scendiamo a terra. Alfredo si inginocchia e la bacia. Sta rischiarando. Io e Omar ci spingiamo come dei pazzi alla ricerca di un improbabile caffè. Dopo un chilometro ci accorgiamo che le nostre sedie hanno ancora gli otto chili di piombo attaccati. Quattro piombi da sub sistemati proprio sopra le ruotine anteriori, necessari per spostare tutto il peso in avanti e non cadere mai all'indietro, neppure quando il mare è molto formato. Non ce ne eravamo neppure resi conto. E pensare che otto chili in più su una sedia che ne pesa appena nove sono tantissimi. Che ridere. Ce l'abbiamo fatta!

Antigua, 9 dicembre 2004

Alle nove del mattino iniziamo le procedure doganali. Un mondo a parte. Cinque persone in un ufficio, ma in realtà tre stanno fuori a prendere il sole, a fumare, a guardare l'orizzonte. Questa è Antigua.

Ormeggiamo la barca nel posto assegnatoci, consapevoli che per almeno due giorni non ci muoveremo di lì. Inizio delle feste. Vado con Alfredo a cercare un noleggio auto. In marina vediamo un baretto e non resistiamo. Colazione all'americana: due uova, bacon, pane tostato e birra. Inizia la sbornia.

Nel pomeriggio ci trasferiamo in quello stesso baretto con tutto l'equipaggio. Quante birre! Cominciamo a familiarizzare con i rasta del luogo. Belli. Che buffi invece i turisti occidentali con le treccine. C'è una ragazza americana con delle trecce talmente lunghe che toccano terra. In un altro baretto sostituiamo la birra con il rhum e cola. Nonostante le apparenze simpatiche e giocose, i locali cercano subito di approfittarsi del nostro sonno e della nostra scarsa dimestichezza con le monete. Paghiamo in dollari americani tre volte il giro. Lo facciamo notare alla cameriera che si scusa e ci porta altri due giri di bibita. Anche gli astri volevano che ci ubriacassimo. Direttamente al baretto arriva Rachele, una giornalista che sarebbe venuta con noi in barca fino a Miami.

Antigua, 10 dicembre 2004

Con l'auto affittata ci dirigiamo al porto di Antigua per recuperare l'autopilota spedito dall'Italia. Ne arrivano due, meno male. A questo punto siamo liberi di andare in giro a curiosare. Arriviamo a Saint John's, la capitale, parcheggiamo l'auto e ci intrufoliamo a piedi nelle stradine. Qui solo le donne lavorano. Un paese strano.

Gironzolando per i mercatini della capitale, osservo incantato i «rasta», anche se provano a imbrogliarmi. Sento un'innata ammirazione per i personaggi particolari. I clochard mi hanno sempre affascinato e li considero persone dotate di sensibilità e intelligenza superiori. E nutro grande stima per giocolieri, punkabbestia, persone strane in genere.

Antigua, 11 dicembre 2004

Ci trasferiamo a Fallmouth, di fianco all'English Harbour, celebre per aver dato i ripari all'ammiraglio Nelson. Qui il mare scava nella terra e forma un meraviglioso anfratto naturale protetto da tutti i venti. Ora è un luogo turistico con tanto di museo.

Siamo ospiti del console italiano di Antigua, Giovanni Falcone. Gestisce la marina e ha altre attività. Ci invita a casa sua, un villone in cima alla collina. Barbecue, carne di ogni tipo, gin tonic e vino. Una festa.

Con noi ci sono due nuovi amici, Giorgio Vecchi e Gennaro d'Urso. Il primo è un ragazzo italiano che cinque anni fa è arrivato a Miami con la barca. Ora vive lì con la famiglia. Fa l'agente immobiliare e cura i suoi interessi. Sarà la nostra guida per questa ultima tratta, Antigua-Miami.

Gennaro è un italoamericano che a dispetto del nome

non parla una parola della nostra lingua. È un ricercatore del Miami Project, uno dei più grandi centri di ricerca sulle cellule staminali. Rimane strabiliato dal catamarano. Trova fantastiche le soluzioni da noi adottate. Non ha mai visto nulla di simile. Strano, visto che gli americani in quanto a integrazione delle persone disabili hanno tanto da insegnarci.

Da Antigua a Miami, 11 dicembre 2004

Si riparte. « Credevo che sarei andata su una barca a vela e invece mi ritrovo in una lavatrice », è il primo commento di Rachele, la nostra giornalista. Gennaro è sdraiato in coperta, non sta molto bene, complice la sbornia di ieri sera. Giorgio è attivo, vigile. È la nostra guida per i Caraibi.

C'è un bel vento, venti nodi di bolina, le isole di fronte indicano la rotta. È il mio turno al timone. Mi fa uno strano effetto timonare con riferimenti che non siano nuvole e stelle. L'acqua spruzza sulla coperta. Il sole scende tra due isole. Fa quasi freddo.

Chiacchiero a lungo con Giorgio. Mi racconta della sua amata goletta. È sorpreso dalla velocità del catamarano. Entriamo subito in confidenza, e fra di noi ha inizio una bella amicizia.

I programmi di viaggio subiscono una variazione e la prima sosta, Saint Barth, salta. Ne abbiamo previste altre due. Dispiace passare di fianco a isole paradisiache che vediamo solo su una carta geografica: Saint John's, Saint Martin, Saint Thomas. Ho tradito la promessa fatta a Lara: « Vedrai, ogni notte una caletta, una spiaggia caraibica, e poi al mattino si riparte ». Dico a me stesso che ritorneremo. Ma il tempo è tiranno, dobbiamo arrivare a Miami, il maltempo può costringerci a soste impreviste. Ci aspettano. Otello sta già preparando la conferenza stampa.

British Virgin Islands, 13 dicembre 2004

Eccoci arrivati alla prima e probabilmente unica sosta dell'ultima tappa, quella che ci porterà a Miami. Le isole Vergini inglesi.

Virgin Gordo, acqua spettacolare, calma e azzurra. Una rada contornata dal verde con palme e vegetazione tropicale e al centro una piccola isola con un unico ristorante.

Ci mettiamo all'ancora, facciamo il bagno. Non ci sembra vero. Pranziamo. È l'unico momento di crociera e ce lo godiamo tutto. Il tempo è strano. Siamo arrivati con il sole, ma ora si è rannuvolato, minaccia temporale. L'acqua è bellissima, ha un fascino tutto suo. Improvvisiamo un barbecue: coscette di pollo e birra per tutti. Questa sì che è vita, questa sì che è la barca a vela che conoscevo.

Dopo il caffè leviamo l'ancora e decidiamo di veleggiare da veri turisti in mezzo a queste bellissime isole. Ributtiamo l'ancora in un posto incantato, magico: un'isoletta di sabbia bianca, le palme al centro. L'acqua è incredibilmente azzurra. Siamo vicinissimi alla riva e a nuoto la raggiungiamo. Sdraiato sulla spiaggia mi godo il catamarano, mentre gli altri si addentrano nel bosco.

Dobbiamo ripartire. C'è corrente. Nuotando mi scivola la fede. Mi fermo, la vedo sul fondo. Mi immergo, la riprendo ma mi sfugge. Chiamo gli altri. Ma la sabbia e la corrente sono più veloci. Brutto segno, che certo non aiuta. Con Lara il mio rapporto è sempre teso.

Devo riposare, il sole mi cuoce, sono stanco. Me ne sto in cabina, l'oblò è aperto, entra aria, tengo le gambe alte, la schiena appoggiata sul cuscino, gli occhi puntati sulle pagine del libro, *Romanzo criminale*, la storia della banda della Magliana. Macino pagine, lo sto divorando, un viaggio nel viaggio e un modo per staccare dalla vita di bordo. Un tempo mio.

British Virgin Islands, 14 dicembre 2004

Passiamo la notte in una baietta, Little Harbour Jost Van Dyke. Niente di romantico, l'arrivo avviene sotto un'acqua torrenziale, siamo tutti bagnati. Le isole sono afflitte da continue *showers* anche in questa stagione secca. Ci dedichiamo a mettere in ordine la barca in pessimo stato.

Dopo due giorni di coma Gennaro apre gli occhi. Mi fa un sacco di domande. È proprio simpatico. Mi racconta molte cose di sé, del mare, della sua famiglia. Ha una moglie italiana, Fulvia, anche lei ricercatrice. Ma le prime parole che dice in italiano sono quelle che impara con me. Ci scherziamo sopra. Anche lui ha delle idee affini alle mie in tema di energia e spiritualità. Non sembra un ricercatore medico, scettico e dubbioso verso ogni fenomeno che non sia stato dimostrato a livello empirico e riconosciuto da tutta la comunità scientifica. La sua illuminazione è avvenuta tanto tempo fa: un cugino messicano, introdotto allo sciamanesimo, ha levitato davanti ai suoi occhi. La cosa non mi stupisce.

Lara è instancabile. Prepara spaghetti e bottarga annaffiati da buon vino.

Io non sto bene. Non è il vino. Ho la febbre. Me ne vado a dormire. L'indomani dobbiamo partire di buon'ora, destinazione Miami.

15 dicembre 2004

La serata è tranquilla. Poco vento, poco mare. Per cena un'ottima zuppa di cipolla.

Marghe è al timone, vuole prolungare il suo turno fino a che non passiamo un «groppo» che abbiamo davanti. Vedo un blocco di nuvole nere che si estende da una parte all'altra dell'orizzonte. Siamo in ballo e balliamo. Arrotoliamo il frullone, lo sostituiamo col fiocco e prendiamo una mano di terzaroli. Ci mettiamo le cerate consapevoli che sarà una notte dura. La barca surfa veloce sulle onde, l'oceano ci fa vedere di cosa è capace. Dobbiamo prendere anche la seconda mano. La randa è un triangolino ma la barca corre a dodici nodi. In un attimo, vento con raffiche anche oltre i 30 nodi, pioggia e onda ben formata.

Uno alla volta escono tutti. In questa situazione i turni saltano. Io faccio fatica a muovermi con la sedia. Sto in cabina. I ragazzi entrano ed escono con le cerate fradice. Salgo in dinette. Guardo il radar. Non si capisce, il groppo è sempre lì. Ha un raggio di non più di cinque miglia ma noi continuiamo ad avanzare e non ne veniamo mai fuori. Si muove con noi.

Avevamo deciso di passare le Bahamas all'esterno. Ma la situazione sembra peggiorare e il pericolo delle secche è forte. Squadrette e compasso, tracciamo una nuova rotta. Viriamo, a ovest c'è un passaggio buono. La seconda mano di terzaroli salta. Dobbiamo dare la terza. Riduciamo anche il fiocco.

Rachele e Gennaro si contendono il secchio. Lara si prende cura di loro con il Plasil. Io sono in camera, urlo a tutti di mettersi il giubbotto salvagente. Ho paura. Il catamarano salta. Guardo l'oblò tra gli scafi, quello che tutti ammirano senza sapere a cosa serve. È l'uscita di emergenza.

Giorgio al carteggio controlla continuamente il punto

nave. Dobbiamo portarci sottovento alle Bahamas, solo così saremo più riparati. Ci aspettano altre cento miglia di inferno. Se va bene, dodici, tredici ore.

Comincia a schiarire, ma il mare non ci dà tregua. Iniziamo a contare i danni sapendo benissimo che finché il groppo non passa non possiamo farci niente.

Salta anche la terza mano della randa. La scotta del frullone spaccandosi si infila nelle pale del motore di dritta e, scopriremo poi, anche nel timone. Il vento non molla, le onde hanno un'altezza di sette, otto metri. Dobbiamo assolutamente fermarci da qualche parte e riparare quello che possiamo.

Un consulto alla cartina e si scopre che la prima isola con possibilità di ancoraggio è Great Inagua, un centinaio di miglia a nord di Cuba. Ancora centoventi miglia, tempo stimato circa dodici ore. È ormai sera: patate bollite per cena.

Alcuni dormono in dinette. Tutto è bagnato, anche i materassi di alcune cabine. Entrava acqua da un oblò. I mobili della cucina scricchiolano incessantemente e le onde picchiano ancora contro il fondo.

I ragazzi sono bravissimi.

Poi piano piano il vento cala. Cala, cala, e finalmente accendiamo il motore.

16 dicembre 2004

È giorno. Una fantastica giornata di sole. Alla nostra destra, Great Inagua. È finita, torna il sereno anche nell'equipaggio, stravolto. Qualcuno si fa la doccia con i secchi d'acqua di mare, qualcun altro si prepara abbondanti colazioni per compensare la dieta in bianco delle ultime trentasei ore. Arriviamo in rada. Sulla rete di prua materassi, lenzuola, cuscini, asciugamani sono stesi ad asciugare al sole e al vento. Siamo ad alcune decine di metri da riva e Lara, Marco e Margherita vanno a nuoto a comprare il pane, mentre in barca si sale e si scende dall'albero per sistemare il fiocco, che si è strappato durante la tempesta. Una pasta squisita e si riparte. Stavolta la destinazione è veramente Miami, lontana ormai «solo» 550 miglia, tre o quattro giorni di motore, gasolio permettendo. A Inagua non ci fidiamo di fare il pieno. In alcune isole il gasolio è tagliato con l'acqua. Si ritorna a fare i turni, ma il clima è diverso, disteso, e abbiamo anche il supporto del pilota automatico.

18 dicembre 2004

Navighiamo nel canale tra Cuba e le Bahamas. Una barca ci segue. Vira e prende la nostra rotta. Binocolo alla mano, leggiamo sul fianco del nostro inseguitore: US Coast Guard.

Giorgio afferra il VHF e sul 16 chiama l'imbarcazione bianca, molto alta, che si è avvicinata a noi. «Siamo in dieci a bordo, nove italiani e un cittadino americano», risponde alla domanda della guardia costiera americana. «È un viaggio di piacere, siamo diretti a Miami.» E poi: «Il comandante dice che potere salire a bordo». Salire a bordo? Ci guardiamo sorpresi, un po' preoccupati. Tutto è in ordine ma come sempre non si sa mai.

Si affianca un enorme gommone arancione, guidato da un nero gigantesco che fa tutt'uno con il baschetto scuro che ha in testa. Salgono a bordo tre ragazzotti. Sembra un film di Hollywood. I tre indossano tute overall blu con grosse scritte US Coast Guard, anfibi che poco si addicono alla vita in mare, hanno capelli cortissimi, quasi tutti i baffi, il più vecchio non ha neanche trent'anni. Fanno domande, sono professionali, un po' duri. Vogliono vedere i documenti della barca, il motore e le dotazioni di sicurezza, i passaporti miei e del capitano, e la patente di guida di Gennaro, in quanto *US citizen*.

Sono sorpresi quando scoprono che a bordo ci sono ben due disabili che si muovono in autonomia su una *wheel chair* e incuriositi chiedono spiegazioni. Mostro loro gli ascensori.

Tutto è a posto, anzi ci fanno i complimenti. Il clima diventa quasi familiare. Proviamo anche ad offrire loro da bere ma rifiutano, sono in servizio. Ci permettono di filmarli. Si allontanano e noi sollevati ridiamo. Non capita tutti i giorni di essere fermati dalla US Coast Guard al largo di Cuba. Una storia in più da raccontare.

19 dicembre

Siamo in dirittura di arrivo. Ormai possiamo fare programmi. Mancano solo cento miglia. Se attracchiamo entro l'una di notte ci facciamo portare anche le pizze. Ma naturalmente sta arrivando un fronte dal nord. Cambiamo rotta e puntiamo molto più a ovest, praticamente su Key West. Allunghiamo la rotta di un bel po', i programmi neanche a dirlo saltano. Ma siamo d'accordo tutti che è meglio proseguire in sicurezza, di sbattere la prua non ne ha proprio voglia nessuno. Rimane il problema gasolio. Facciamo i nostri conti. Siamo tirati. Proseguiamo a lungo su questa rotta.

20 dicembre

È l'alba dell'ultimo giorno. Ho appena finito il mio turno. Comincia il chiarore. Ecco il sole. Lo vedo nascere e crescere per almeno un'ora. Nessuno mi disturba. È un momento magico, solo per me. Sento in cuor mio una grande gratitudine per tutte le persone che mi hanno aiutato, le ringrazio. Sono sicuramente fortunato. Provo tanta gioia e soddisfazione e sento che questo è un momento mio: sì, ce l'ho fatta. Un piccolo grazie anche a me stesso lo devo.

Decidiamo di fermarci tra le Key per fare benzina. Siamo sotto Key Largo. Un canale insidioso, con fondo bassissimo. Ci rendiamo conto che è impossibile raggiungere il distributore. Attracchiamo su un moletto di una casa privata. Chiediamo ospitalità. Ci sono dei ragazzi con un pick up rosso. Ecco l'idea. Giorgio ha già le taniche in mano e cominciano i giri al distributore. Arrivano anche hamburger e patatine. *That's America!* Salutiamo e ripartiamo.

Siamo in contatto telefonico con mio fratello Ale, Filippo, Mambrino, Otello. Ci aspettano tutti. Impazienti quanto noi.

21 dicembre 2004

Alle tre di notte, ecco le prime luci, ecco i grattacieli, ecco Miami. Miami non è mai stata così bella.

Cerchiamo di capire dove dobbiamo ormeggiare. L'immancabile Otello ci dà tutte le indicazioni.

È ancora buio, impossibile fare qualsiasi ripresa, ma ad accoglierci ci sono tutti: Otello con suo figlio e la moglie

Fabiana, Ale mio fratello, Mambrino, Pippo, Ale Brasile il fotografo, Federica Cocchi, una giornalista della *Gazzetta dello Sport*.

Siamo arrivati. Brasile sale sulla barca ma dopo due minuti vuole già scendere: gli sembra che balli troppo, ha paura di star male. E pensare che siamo ormeggiati! Fabiana abbraccia Lara piangendo. C'è anche Peppe con Jackie, la sua compagna. Ci portano panettone e spumante mentre Otello e Giorgio esaudiscono il sogno di tutti noi con delle super pizze. Mancano solo mamma e papà, sono anche loro a Miami, li vedrò l'indomani. Non so chi sarà più emozionato.

« Siamo solo noi... » La musica di Vasco riempie la barca. Brindiamo. È quasi Natale. Siamo stravolti. È tardissimo ma nessuno ha sonno, l'adrenalina è ancora troppo alta. Ci stendiamo sui letti per un'ora perché alle sei, all'alba, dobbiamo riuscire con la barca per simulare un arrivo e poterlo documentare con le immagini. Una piccola finzione che non credo cambi il senso generale di questa impresa. Ale Brasile fa un ottimo lavoro.

Finita la veleggiata-spettacolo, arriva il momento di dedicarci alle pulizie della barca. Ne ha proprio bisogno. Poi tutti in dogana per la convalida del visto accompagnati dalla moglie di Giorgio, Marta, e dal loro figlio Nicolò. Dopo un panino e una birra da Monthy's, tutti in albergo, doccia obbligatoria. Mi fa effetto distendermi sul letto di questo bell'hotel proprio dietro Ocean Drive. Mi sento strano, ho il mal di terra. Non sono più abituato alla stabilità della terraferma.

8

LA CHIUSURA DEL CERCHIO

Il 22 dicembre ci fu la conferenza stampa. Otello, che si trovava a Miami da quasi due settimane, diede il meglio di sé: c'erano giornalisti e televisioni dappertutto. Il dottor Guarneri era uno dei relatori. Mi fece promettere che sarei tornato e che avremmo cenato insieme. Era accompagnato da dodici, forse quindici ragazze con una polo blu, le infermiere del reparto di rianimazione. Me ne ricordo un bel po'. Erano commosse. « Un miracolo », continuavano a dire. Non tornerò più sul luogo dell'incidente, non ha senso. Sono venuto qui solo per ringraziarli, mi basta questo, è un momento bellissimo. Sono loro a ringraziare me.

Alla conferenza c'era anche il dottor Dietrich, il direttore scientifico del Miami Project. Un istituto che è uno dei più avanzati centri di ricerca al mondo sulle cellule staminali e uno dei più importanti centri di riabilitazione. Con lui c'era anche il neurochirurgo Ernesto Coscarella.

Ernesto e Dietrich mi proposero di andare l'indomani nel loro centro per presentare il mio progetto ai colleghi e al grande capo, il dottor Green. Accettai con entusiasmo, nonostante l'orario proibitivo. Dovevo essere da loro alle sette del mattino!

Alla sera festeggiammo in un locale dove facevano musica latina e le ragazze immagine erano poco più che nude. Con la sedia a rotelle potevo muovermi ovunque, era tutto accessibile. Omar non credeva ai suoi occhi. Gli avevo parlato di quanto fosse attrezzata Miami per i disabili, ma credo la realtà abbia per lui superato l'immaginazione.

Miami è oggi per me una città meravigliosa, non solo per il clima e per la sensazione di poter lavorare in un luogo di villeggiatura, ma anche perché lì posso muovermi da solo senza chiedere aiuto a nessuno.

Il 23 dicembre, conferenza stampa al Miami Project con venti luminari. Conobbi il dottor Green che mi promise di salire sul catamarano uno dei giorni seguenti.

La mattinata venne dedicata alle polaroid di Ale Brasile. Foto in barca, foto in spiaggia. Avevamo deciso di preparare un libro fotografico che raccontasse tramite polaroid in bianco e nero il viaggio e alcune storie di personaggi famosi e non che ci avevano aiutato fin dall'inizio. Ci sarebbero stati anche i racconti di Cannavò, Soldini, Pozzi, Pelaschier, Bassani, Kerbaker, Ancelotti.

Trascorremmo la vigilia di Natale tutti insieme a casa di Gennaro e della moglie Fulvia. C'era anche Roberto, un ex collega cuoco di Omar, che lavorava in un ristorante italiano a New York. Era venuto a Miami qualche giorno apposta per incontrarlo. Pranzammo in maniche di camicia nel giardino di quella bella casa americana: pasta con il sugo di calamari di Otello e un superbo *tuna fish* alla plancia. Accompagnavano il tutto venti bottiglie di champagne offerte dai nostri amici thienesi. L'indiscusso personaggio della serata fu la mamma di Gennaro, una settantenne dalla vitalità invidiabile e con ancora molti amanti all'attivo. E quella sera, per non smentirsi, dichiarò il suo amore per Marco. Che nonna simpatica!

Festeggiato il Natale rimaneva il compito più difficile. Il dottor Guarneri e il suo staff amministrativo volevano farmi visitare l'ospedale. Accettai.

Quando arrivai lì davanti trovai tutti schierati fuori ad

aspettarmi, telecamere e giornalisti compresi. Fu così che cominciò quella visita guidata. « Vedi, quando sei arrivato ti abbiamo portato qui, poi... ». Mi veniva da vomitare. Per scaricare la tensione me la prendevo con Otello insultando lui e la sua fottuta macchina fotografica per tutto il tempo. Pranzammo come se nulla fosse tutti insieme nel refettorio dell'ospedale, catering italiano naturalmente, gestito dalla prima moglie di Guarneri che conobbi in quell'occasione.

Il direttore dell'ospedale mi mostrò orgoglioso il progetto dell'ampliamento che stavano per realizzare. Un reparto intensivo molto più sviluppato con di fianco la pista di atterraggio dell'elicottero. Mi ringraziò perché la mia visita e tutta l'attenzione che ne avrebbe dato la stampa li avrebbe aiutati a raccogliere denaro per completare il progetto. Va be', almeno tanto malessere sarebbe servito a qualcosa.

Al pomeriggio arrivarono in barca due ospiti d'eccezione, il dottor Green accompagnato dall'amico Michael Graves, un mito dell'architettura. Mio papà conosceva tutte le sue opere. Un anno fa era stato colpito da un virus, purtroppo anche per lui sedia a rotelle. Sembrava ancora molto scosso, era passato troppo poco tempo, ma con poche frasi in italiano ci rivelò la sua grande cultura e personalità. Il dottor Green si mostrò entusiasta del catamarano e del gesto simbolico della traversata. Scattò foto dappertutto, sembrava curioso come un bambino. Ulteriore testimonianza che i grandi uomini sono persone semplici e umili.

Ci raccontò di aver fondato una associazione velica per ragazzi disabili di nome Shake a Leg. Sei barche di sei metri adatte a uscite giornaliere, dal nome simbolico *Freedom*. Un equipaggio di sei persone, la maggior parte disabili. Ogni anno portano a veleggiare migliaia di persone.

Ci domandò se alcuni dei suoi ragazzi potessero uscire con *Lo Spirito di Stella*. Ci avrebbe messo a disposizione un ormeggio e degli istruttori. L'idea ci piacque molto. Organizzammo il tutto per febbraio. Margherita avrebbe preso il comando del catamarano con l'aiuto dei velisti di Shake a Leg. Avremmo esposto la barca al Miami Boat Show, una delle più importanti fiere nautiche.

I giorni a disposizione erano finiti. I miei si sarebbero trattenuti a Miami ancora un po', volevano fare un giretto con il catamarano insieme ad alcuni amici, con il necessario aiuto di Alfredo, Margherita e Marco.

Io, Lara, Omar e Filippo, seguiti a ruota da Alessandro e Mambrino, rientrammo in Italia. Peppe ci accompagnò in aeroporto ma per me e Lara fu con lui un arrivederci.

A febbraio di nuovo a Miami per il *boat show* e le uscite con Shake a Leg. E poi avevamo un impegno da mantenere: una cena con Guarneri.

Ci dà appuntamento in una zona adiacente all'ospedale, naturalmente in un ristorante italiano. Io e Lara arriviamo in anticipo e ne approfittiamo per comprare in uno *store* del vino italiano da regalargli.

Eccolo. È solo. Tuta da medico, braghe e casacca, ai piedi gli immancabili zoccoli e un cardigan come cappotto.

« Esco adesso dalla clinica, oggi ho fatto sette operazioni. Non ho molto tempo perché dopo cena devo tornare in ospedale, mi aspettano altre due operazioni. » Questo è un medico, un chirurgo vero, una persona consapevole di quanto sia importante il suo lavoro di salvare vite umane. Uno che non ha il tempo di camminare a due metri di altezza inseguendo premi e onorificenze spesso immeritate.

Ci sediamo al ristorante. Intorno a noi nessuno sembra imbarazzato di vedere un uomo vestito da sala operatoria in uno dei ristoranti più esclusivi della città. È un tipo speciale, Guarneri. È uno che un bel giorno, all'ospedale, si è visto arrivare uno straniero, più morto che vivo. Era mezzanotte, magari aveva un appuntamento galante, magari stava finendo il turno, eppure si è messo lì, venti ore di operazione. Forse era stata quella frase « non voglio morire », detta in un inglese non proprio perfetto da un italiano che si era appena preso due colpi di pistola e che alla domanda « Chi è stato? », rispondeva: « John Wayne ». Così infatti Guarneri aveva raccontato « come ci eravamo conosciuti » a mia madre che sconvolta lo ascoltava. Era proprio convinto che avessi detto: « John Wayne ». Ma io me lo ricordo quel momento, mi ricordo tutto. Hanno un bel dire i dottori che non mi sarei ricordato nulla. « Vaffanculo », sì, « Vaffanculo », gli avevo invece risposto in italiano. Ma quale John Wayne. Mica avevo tanta voglia di scherzare, ero ossessionato, continuavano a chiedermi la stessa cosa, forse solo per tenermi sveglio. Chi cazzo fossero quelli io mica lo sapevo, tre con la maschera... E non lo saprò mai. Non li hanno mai presi.

Ordina lui anche per noi. Guarneri ama mangiare e infatti ha messo su qualche chilo in più rispetto al nostro incontro di tre anni prima. Ci racconta del suo rapporto con la cucina, è il più grosso consumatore di cibi italiani *delivery*, da asporto. Ogni giorno si fa portare in ospedale spaghetti alla carbonara o tortellini panna e prosciutto. A cena questa volta deve rinunciare al vino, dopo deve operare. Lui solo sa dove troverà le forze. Parliamo di me, della mia vita. Mi trova in forma.

Parliamo del destino. « C'è un ragazzo di appena vent'anni, figlio di una nostra infermiera, è un criminale. È la terza volta che lo opero in quattro anni per ferite da arma da fuoco. L'ultima s'è beccato sette colpi ma è sopravvissuto, illeso. Cosa vuoi, è il destino.» Lo capisco perfettamente. Il suo, ci dice, è un lavoro strano, in cui la gratitudine molte volte non esiste. «Io salvo la vita a una persona che a volte si porta dietro delle conseguenze. E questa, invece che ringraziarmi, si incazza. Quello che tu hai fatto», mi dice, «è importantissimo per me e per tutti quelli che lavorano in *intensive care*. È un aiuto, ci ricorda che stiamo facendo la cosa giusta.» È difficile trattenere le lacrime. Commosso, mi dice che ha apprezzato tantissimo il mio lavoro. Anche io il suo.

L'indomani avremmo preso l'aereo per tornare in Italia.

APPENDICE

L'associazione Lo Spirito di Stella O.N.L.U.S.

L'associazione Lo Spirito di Stella O.N.L.U.S. è nata nell'ottobre 2003 con lo scopo di promuovere una serie di attività a favore dei disabili: la caduta delle barriere architettoniche, la progettazione per tutti, l'integrazione, lo sport (vela, sci, quad e canoa).

Soci fondatori: Andrea, Pierluigi e Alessandro Stella, Francesca Cadore, Lara Martini, Otello Sorato, Christian Zovico e Diego Finco.

Numerose le attività svolte e da svolgere con *Tim Progetto Italia – Lo Spirito di Stella*, il primo catamarano al mondo senza barriere.

2005

Miami, gennaio-marzo: scuola a vela gratuita per disabili. Ospiti, i ragazzi dell'associazione Shake a Leg. Il comandante del catamarano è stata Margherita Pelaschier.

La scuola a vela gratuita per ragazzi disabili è diventata un appuntamento fisso in varie parti d'Italia e in Spagna. Il comandante è Maurizio Cocco, il suo aiuto un mio amico, Diego Trevisi.

Genova, 23-29 maggio: una settimana velica gratuita con pazienti, medici e fisioterapisti dell'Unità spinale di Vicenza e del Centro di Neuropsichiatria infantile di Schio (VI).

Valencia, giugno-luglio: in occasione delle regate degli «atti» preparatori della Coppa America, scuola a vela gratuita per disabili in collaborazione con varie associazioni spagnole. Comandante: Maurizio Cocco.

A luglio, il re Juan Carlos ha visitato il catamarano ed è rimasto colpito dalla mia storia e dai messaggi che portiamo avanti. Siamo stati i promotori della nascita della fondazione Un Mar sin Barreras per la diffusione della vela nella penisola iberica. Il Re è Presidente onorario.

Palermo, 19-24 settembre: scuola velica gratuita per disabili.

Trapani, 28 settembre-9 ottobre: scuola velica gratuita per disabili.

Riposto, 22-23 ottobre: scuola velica gratuita per disabili.

2006

Genova, 6-13 aprile: scuola velica gratuita per disabili.

Genova, 17-23 aprile, MilleVele: scuola velica gratuita per disabili.

Livorno, 26 aprile-1 maggio, TAN: scuola velica gratuita per disabili.

Roma, 14-21 maggio: scuola velica gratuita per disabili.

Valencia, 22 giugno-3 luglio: scuola velica gratuita per disabili.

Rimini, 14-20 settembre: scuola velica gratuita per disabili.

Jesolo, 25-30 settembre: scuola velica gratuita per disabili.

Trieste, 2-8 ottobre, Barcolana: scuola velica gratuita per disabili.

Altre attività 2005-2006

Ottobre 2005-marzo 2006: tour nelle università italiane di Catania, Siracusa, Palermo, Venezia, Genova, Roma, all'interno delle facoltà di Architettura, Design industriale e Ingegneria civile, per promuovere la cultura dell'accessibilità e della progettazione per tutti.

L'obiettivo è quello di fornire ai futuri architetti, progettisti e *designers*, tramite seminari o *work shop*, la possibilità di confrontarsi con l'esperienza di *Tim Progetto Italia – Lo Spirito di Stella*, considerato da molti esperti un esempio illuminante di « progettazione accessibile ». Attraverso l'uso di video e immagini fotografiche, viene raccontata l'esperienza costruttiva del catamarano confrontandola con quella di uno di serie e cercando di dimostrare come questo modus operandi possa essere trasferito nella realizzazione delle nostre città e degli oggetti di uso quotidiano.

Giugno 2005-aprile 2006: Primo Concorso Nazionale *Progettare e realizzare per tutti*.

Un concorso di idee aperto ad architetti, *designers* e progettisti per stimolare l'idea della « progettazione per tutti », perché realizzare senza barriere architettoniche significa migliorare gli standard qualitativi degli ambienti e delle situazioni di vita quotidiane.

L'iniziativa si è articolata in due sezioni: progettazione

dell'aula scolastica per tutti e della postazione di lavoro domestica (*home office*).

La giuria, composta da personalità autorevoli, era presieduta dall'architetto Gae Aulenti.

Gli elaborati sono stati esposti all'interno del Salone del Mobile di Milano (aprile 2006) dove è avvenuta anche la premiazione dei vincitori.

È in corso la realizzazione di un DVD che raccoglierà tutti i progetti.

Le foto polaroid del giovane fotografo Alessandro Brasile (scattate durante il «Giro d'Italia 2004» e il «Back to USA») sono diventate un libro fotografico, insieme ai contributi scritti di Carlo Ancelotti, Paolo Bassani, Candido Cannavò, Andrea Kerbaker, Mauro Pelaschier, Piero Pozzi, Giovanni Soldini.

È stata realizzata anche una mostra fotografica itinerante a Milano, Torino (in occasione delle Paralimpiadi 2006) e Roma.

Abbiamo realizzato un documentario intitolato *Back to USA*, per la regia di Stefano Mordini, che attraverso il racconto della mia storia affronta le tematiche di accessibilità e integrazione.

Responsabile della comunicazione e della gestione pratica delle attività è sempre lo studio Sorato, con Otello, Christian e la nuova arrivata Francesca Mengotti.

Tutti questi programmi sono supportati dai nostri *partners*: Telecom ProgettoItalia, Tim, Locafit-Bnl, Estel, Audodesk, Zanella.

www.lospiritodistella.it

Ringrazio per la sua pazienza Benedetta Marietti che ha seguito l'editing di questo libro.

INDICE

Fotocomposizione Editype s.r.l.
Agrate Brianza (Milano)

Finito di stampare
nel mese di giugno 2006
per conto della Longanesi & C.
da La Tipografica Varese S.p.A. (VA)
Printed in Italy